Steffi Memmert-Lunau

Grüne Glücksorte in Potsdam

Geh raus & blüh auf

Dieses

Glücksbuch

ist für

Liebe Glücksuchende,

Potsdam bietet eine regelrechte Flut grüner Glücksorte, was nicht weiter erstaunt, denn die ganze Stadt ist als grüner Glücksort konzipiert. Als großer Garten, in dem es keine Sorgen gibt und Bäume, Blüten und Früchte Wohlbefinden und reiche Ernten versprechen. Glück im Grünen war der Anspruch der preußischen Könige an ihre Sommerresidenz. Doch würde man der modernen Landeshauptstadt Potsdam nicht gerecht, wenn man sie auf ihre historischen Gärten und Parks reduzierte. Es macht unendlich viel Spaß, besondere Orte zu entdecken, die vom grünen Glück nur so strotzen. Jedes Mal aufs Neue überraschte mich die Vielfalt des persönlichen Engagements der Potsdamer für Gärten und Landschaft. Uralte Baumriesen, magische Blütenfülle, köstliches Obst und aufregende Wildnis: Das Grün nimmt in dieser Stadt kein Ende. Sei es bei einer Wanderung zu Wildpferden, auf dem Weg zum Öko-Acker in der Eselskutsche oder beim Flug der Schneeeule über dem Ravensberg: Es gibt immer wieder neue grüne Facetten zu entdecken. Eigentlich ist jedes Baumscheibenbeet, jeder Schrebergarten ein Glücksort, an dem sich leidenschaftliche Menschen für die Natur einsetzen. Und wenn es mal nicht ganz so grün ist, im Winter zum Beispiel, dann lohnt es sich trotzdem, nach Potsdam zu kommen, denn Entspannung, kleine Abenteuer und die Zusatzportion Sauerstoff gibt es hier zu jeder Jahreszeit.

Ihre Steffi Memmert-Lunau

Deine Glücksorte ...

... noch mehr Glück für dich

Im grünen Bereich

1 Parcours durch den Wissenschaftspark Albert Einstein

Den schönsten Wissenschaftscampus in Europa kann man ganz entspannt bei einem Spaziergang erkunden: Einfach an der Pforte um den Plan mit eingezeichneten Stationen bitten und schon geht's los. Malerisch fügen sich die alten Observatorien mit den satten Farben ihrer Ziegelgebäude ins Grün des Parks ein, der 1832 mit der optischen Nachrichtenübertragung seinen Anfang nahm. Das wird hier alles sehr gut erklärt. Der Telegrafenmast wirkt heute ein wenig unscheinbar, doch gab er dem Berg südlich des Stadtzentrums seinen Namen. Später entstanden hier zahlreiche Forschungsinstitute mit internationaler Reputation. Von Anfang an wurde das Wetter aufgezeichnet und inzwischen lassen sich die Messdaten in komplexe Zusammenhänge einbinden, um Atmosphäre, Wetter und Klima zu verstehen. Der Telegrafenberg gilt als Geburtsort der deutschen Meteorologie und Klimaforschung. Markante Kuppelbauten für die Wissenschaft sind hier der große und kleine Refraktor, Teleskope zur Erarbeitung einer fotografischen Himmelskarte. Das Instrumentarium zur Vermessung des Erdmagnetfeldes. Das paläomagnetische Labor, komplett metallfrei gebaut, um Messabweichungen auszuschließen. Und auf der Messwiese mit Klimareferenzstation werden Wetterdaten und Klimadaten exakt erfasst. Schon Albert Einstein forschte hier. Für viele Besucher ist der Einsteinturm das Highlight, gilt er doch als Architekturikone der Moderne. Man sollte ruhig Zeit einplanen, um dem Rundweg mit Schautafeln und Erklärungen zu folgen. Oder man läuft einfach umher und lässt die Schönheit und konzentrierte Stimmung des Orts auf sich wirken. Vielleicht gelangt man zum kleeblattartigen Neubau des Potsdam-Instituts für Klimafolgenforschung mit seinem ausgeklügelten Energiekonzept. Dieses „Haus im Wald" begeistert nicht weniger als der Einsteinturm. Seine Fassade aus Lärchenholz passt sich den Bäumen ringsum an. Im Untergeschoss arbeitet ein Hochleistungsrechner, mit dessen Wärme das Gebäude beheizt wird. Eine optimistische Grundstimmung geht von diesem Ort aus – vernünftig, hoffnungsvoll und transparent.

TIPP

Stärkung zur Mittagszeit bietet das nette Café Freundlich direkt im Park.

- Wissenschaftspark Albert Einstein, Telegrafenberg 14473 Potsdam, Tel. (03 31) 28 80
- ÖPNV: Bus 691, Haltestelle Telegrafenberg

Sonnenfang am Lusthaus

2

Die Weinbergterrassen am Schloss Sanssouci

Friedrich der Große hatte oft Appetit auf Kirschen. Das waren seine Lieblingsfrüchte, doch auch Pfirsiche, Weintrauben und Feigen mochte er gern. So gern, dass er sich etwas Besonderes ausdachte, damit die empfindlichen Früchte auch im brandenburgischen Klima süß und aromatisch werden konnten. So birgt Sanssouci, der Ort inszenierter Sorglosigkeit, auch ein Stück Gartenhochtechnologie seiner Zeit.

Am 10. August 1744 gab Friedrich den Befehl, mit dem Schlossbau zu beginnen und am Südhang des sogenannten „wüsten Bergs" einen Weinberg anzulegen, bei dem Terrassen in der Mitte „wegen mehrfacher Ab- und Gegenprallung der Sonnenstrahlen" in einen flachen Bogen einschwingen. Das war gar nicht so sehr dem Rokoko geschuldet, sondern der Nutzung der Sonnenenergie. Schwungvoll erscheint heute noch die gesamte Terrassenanlage mit den Reihen verglaster Nischen und Spalieren an den Stützmauern. Hier gedeihen Weinstöcke und Feigen besonders gut. Auf den ebenen Flächen standen niedrige Pfirsiche, Kirschen, Aprikosen und Pflaumenbäume in Kübeln, deren Früchte auf die königliche Tafel kamen. Doch Friedrich wäre nicht der Philosoph unter den Preußenkönigen, ginge es in seinem Garten nur um Obstbau. Der Garten war auch ein Schlüssel zur Welt, ein Kosmos, von Figuren aus kostbarem Marmor in Szene gesetzt. Friedrich II. regierte Preußen mehr als 40 Jahre, von 1740 bis 1786. Er dachte und lebte durchaus im Einklang mit der Natur und den Ressourcen seines Landes. Nutzen und Zierde hielten sich auch in seinem Prunkschloss die Waage. Das Sommerschloss wirkt eher klein, bodentiefe Fenster führen in den Garten. Wem die goldenen Ranken in den Innenräumen dann doch zu viel werden, der kann sich die echten Weinranken auf der Terrasse anschauen. Sobald im Frühling die Sonne scheint, werden die Glasflügel weit geöffnet, damit Wärme und Luft an die jungen Triebe gelangen. Am Abend hält sich die Wärme noch lange in den Mauernischen.

● Schloss Sanssouci, Besucherzentrum Historische Mühle im Park Sanssouci, An der Orangerie 1, 14469 Potsdam, Tel. (03 31) 9 69 42 00, www.spsg.de
● ÖPNV: Bus 614, 695, X15, Tram 91, 94, Haltestelle Luisenplatz Süd

Entspannte Landschaft

3 Der Volkspark Potsdam

Eine junge Mutter gleitet auf Inlineskates und bewegt geschickt den Kinderwagen vor sich her. Kitakinder halten sich an den Händen und trödeln plappernd durch das Bunt der Staudenbeete. Frauen mit Krabbelkindern haben es sich im Schatten einer Baumgruppe auf Decken gemütlich gemacht, ältere Damen zücken ihre Handykameras und fotografieren Seerosen im großen Wasserbecken. Am Vormittag ist es noch still im Volkspark im Norden Potsdams. Das weitläufige Bornstedter Feld zwischen Lennéscher Feldflur und Jungfernsee lag einst vor den Toren der Stadt und wurde als Trainingsgelände vom Militär genutzt. Nach der Wiedervereinigung entstand hier ein neues Wohnviertel mit dem Volkspark als grünes Herz. Die Landschaftsplaner integrierten Spuren der einstigen Nutzung bewusst in ihre Gestaltung – Übergänge aus rostendem Stahl, raue Steine, eigenwillige Sperren. Sie wollten Geschichte sichtbar machen, aber auch zeigen, wie die Natur es vermag, Gelände zurückzuerobern. Und das ist eindrücklich gelungen. An den Steillagen der Wälle des ehemaligen Schießplatzes gedeihen sonnenhungrige Schönheiten, Narzissen im April und ein Lavendelhain im Frühsommer. Aus dem Hindernisparcours für Panzer wurden Stauden- und Kräuterbeete. Es ist ein kleines Wunder, zu erleben, was Pflanzen alles können, wie sie klettern und balancieren und jede noch so kleine Ritze nutzen, um den Stein zu beleben.

TIPP

Ein Höhepunkt ist das Drachenfest mit Lenkdrachen Anfang September.

Die kunstvollen Pflanzungen sind nur ein Teil des Konzepts, denn der Park ist für Spiel und Sport vorgesehen und bietet jedem eine Kulisse für das optimale Workout. Es gibt reichlich Klettergerüste und Rutschen, Wasserbecken für die Kleinen, ein überdachtes Basketballfeld und Plätze für viele Trendsportarten. Auf den Wiesen darf nach Lust und Laune Ball gespielt werden. Wer keinen dabei hat, leiht ihn sich beim Besucherservice. Auf dem 4 Kilometer langen Rundweg können Bewegungshungrige joggen, skaten oder einfach spazieren, die Stimmung der Jahreszeit wahrnehmen, frische Luft atmen.

● Volkspark Potsdam, Haupteingang Georg-Hermann-Allee 99, 14469 Potsdam, Tel. (03 31) 6 20 67 77, www.volkspark-potsdam.de
● ÖPNV: Tram 96, Haltestelle Volkspark

Wundervolle Rooftop-Party

4

Das Belvedere auf dem Pfingstberg

In der Mark Brandenburg galt es, jeden noch so kleinen Höhenunterschied zu nutzen und zu betonen, am besten durch italienisch inspirierte Bauwerke, damit es richtig was hermacht. Doch es gab auch immer einen Zweck: Hier am Pfingstberg sollte ein Wasserspeicher besonders anmutig eingekleidet werden. Er verbirgt sich im Hof des Schlosses mit der schönen Aussicht. Der dekorative Ziegelbau mit Balustraden und zwei offenen Türmen im italienischen Stil, den die Potsdamer im 19. Jahrhundert so sehr liebten, steht als kleines Wunder im Grünen. Der Blick von oben ist schlichtweg überwältigend. Die Weite gibt einem ein Gefühl von Freiheit und unbegrenzten Möglichkeiten. Man spürt den Wind auf der Haut, die Bewegung der Luft. Und sieht die Welt spielzeugklein unter sich liegen. Doch auch wer den Aussichtspunkt in einem der Türme nicht erklimmen mag, kann sich an Fernsichten erfreuen. Dafür sorgen die Sichtachsen, die der geniale Landschaftsplaner Peter Lenné anlegte. In den dichten Baumbestand hineingeschnitten, geben sie überraschende Blicke zur Pfaueninsel, zum Casino und Schloss Glienicke, zum Schloss Babelsberg mit dem Flatowturm und zur Potsdamer Innenstadt frei. Immer wieder entsteht der Eindruck eines grün gerahmten Gemäldes. Glück war im Spiel, als die Anlage in der Wendezeit gerettet werden konnte. Den Zweiten Weltkrieg überstand das Aussichtsschloss nahezu unbeschadet, doch in der Zeit der DDR begann der Pfingstberg zu verwildern. Die Nähe zum sowjetischen Militärstädtchen, die sowjetischen Garnisonen und die innerdeutschen Grenzanlagen verwandelten den Berg in verbotenes Terrain. Es dauerte nicht lange, bis Laubengänge und Sichtachsen dramatisch verfielen und das Belvedere einer Ruine glich – lost place mit Gänsehautgarantie. Seit Ende der 1980er-Jahre engagierten sich junge Potsdamer für den Pfingstberg, sicherten die Bestände, entfernten in jahrelanger Arbeit das Gestrüpp und fanden Wege zur Restaurierung des Schlosses. Heute gehört das Belvedere zum UNESCO-Weltkulturerbe.

TIPP

Kaffee und Kuchen gibt's in der Gartenwirtschaft Kades nebenan.

- Belvedere Pfingstberg, Förderverein Pfingstberg in Potsdam e. V., Große Weinmeisterstraße 45 a, 14469 Potsdam, Tel. (03 31) 20 05 79 30 www.pfingstberg.de
- ÖPNV: Bus 603, Haltestelle Persiusstraße; Bus 604, 609, 638, 697, Haltestelle Am Pfingstberg

Zwei Töne Grün

5 Die Glienicker Brücke

Eine Potsdamer Eigenart erschließt sich, wo die imposante Stahlkonstruktion der Glienicker Brücke über die Havel Potsdam und Berlin verbindet: Wasser, so weit das Auge reicht. Der Jungfernsee im Norden, der Tiefe See im Westen und die Glienicker Lake im Osten: Die Brücke ist Herzstück einer Wasserlandschaft. Man schaut von hier zur Heilandskirche Sacrow und zum Schloss Babelsberg, staunt über den regen Verkehr der Wasserfahrzeuge und genießt die Lebensfreude. Die Brücke, wie wir sie heute sehen, gibt es seit 1907. Sie ist 128 Meter lang und schwingt sich in einer Höhe von 5,50 Metern über die Havel. Zuvor floss der spärliche Verkehr über eine kleine Steinbrücke, die Teil des Königswegs war; die Reise vom Berliner Stadtschloss in die Potsdamer Sommerschlösser dauerte mit Pferden zwei Tage.

Wasser ist schön, es hat eine fast glatte Oberfläche und ändert doch ständig sein Wesen. Wer eine Schwäche für Blau und Glitzer hat, ist hier genau richtig. Ein wenig aufwühlend ist es, von der Glienicker Brücke aus Ausschau zu halten, nicht nur, weil oft eine frische Brise weht. Hier kollidieren der kleine Raum, den wir ausfüllen, und der unendliche, unermessliche Raum, der uns umgibt. Unwillkürlich kommt einem in den Sinn, wie schlimm es gewesen sein muss, als diese Weite von einer undurchlässigen Grenze beschnitten wurde. Die Brücke trennte einst die politischen Systeme und war Teil der Berliner Mauer, schwer bewacht und nur in den dramatischen Momenten passierbar, wenn auf der Brücke Spione ausgetauscht wurden. Dies hat Tom Hanks mit dem Film „Bridge of Spies“ ins Gedächtnis zurückgerufen. Obwohl die Brücke Berlin und Potsdam seit 1990 wieder verbindet, ist das Passieren der Glienicker Brücke für viele Menschen immer noch berührend.

Ein grüner Glücksort ist die Brücke auch, weil sie grün gestrichen ist. Und zwar erkennbar in zwei verschiedenen Grüntönen, damit die Grenze zwischen den Ländern Berlin und Brandenburg sichtbar bleibt.

TIPP

Das Café im Park der Villa Schöningen direkt an der Brücke serviert Quiches, Kuchen, Suppen, Eis und Getränke.

- Glienicker Brücke, Königsstraße, 14467 Berlin
- ÖPNV: Tram 93, Bus 316, Haltestelle Glienicker Brücke

Glienicker Brucke

Rittersporn und Sonnenhut

6 Freundschaftsinsel mit winterharten Stauden

Alte und Neue Fahrt heißen die beiden Havelarme, die die Freundschaftsinsel umfangen. Weil der Zugang über die Lange Brücke zunächst über eine weite Rasenfläche führt, lässt sich kaum erahnen, welche Blütenfülle sich auf der Insel verbirgt. Hinter den beiden Torhäusern beginnt der Zauber: Umgeben von Gartenkunst des 20. Jahrhunderts wird man von Sinnlichkeit und Vielfalt überrascht, die nur ein außergewöhnliches Gartenkonzept zuwege bringt. Es lohnt sich, langsam über die Insel zu schlendern und die Wege in allen Richtungen zu gehen. Das wechselnde Licht schafft unablässig neue Bilder.

Ja, und überhaupt, Karl Foerster. Der berühmte Staudenzüchter und Gartenphilosoph legte gemeinsam mit dem Landschaftsgärtner Hermann Mattern in den Jahren 1937 bis 1940 den Grundstein für die öffentlichen Gartenfreuden der Insel. Mit seiner Begeisterung für winterharte Stauden war er ein Pionier der Nachhaltigkeit. Durchblühen hieß sein Konzept, auch in der kalten Jahreszeit sollten Blüten, Düfte und Grüntöne im Garten erlebbar sein. Und es funktioniert bis heute. Im Vorfrühling verzaubern der Auftritt der Krokusse, darüber das Gelbgrün der Äste und die ersten zartweißen Blüten der Gehölze. Die Weidenzweige am Uferweg beginnen zu leuchten, während im östlichen Teil der Insel dichtes Heidekraut in Magentarot strahlt. Den Aufbruch in den Frühling zu erleben, ist ein Glücksmoment ohnegleichen, doch im Laufe des Jahres wird es immer schöner. Der Frühsommer kommt mit Schwertlilien in zahllosen Farben und duftenden Rosen, in der berühmten Wasserachse sprudeln Fontänen. Liebenswerte Skulpturen sind von Lieblingssträuchern umgeben und vermitteln Unbeschwertheit und Freude.

Aber wer nicht gesehen hat, wie der Rittersporn auf der Freundschaftsinsel blüht, hat noch ein großes Glück vor sich. In klarem, leuchtendem Blau schweben die Blüten auf ihren hoch aufragenden Stängeln, scheinbar schwerelos. Karl Foerster nannte Rittersporn die gotischen Kathedralen unter den Blühstauden. Das trifft es genau.

- Staudengarten auf der Freundschaftsinsel, 14467 Potsdam
- ÖPNV: Tram 91, 92, 93, 96, 98, Bus 694, Haltestelle Lange Brücke

Die Natur ins Haus geholt

7 Dorf und Schloss Paretz

Im Jahr 1789 begann in Paris ein Ereignis, das die europäische Hocharistokratie verstörte: die Französische Revolution mit dem Sturm auf die Bastille. Luxus und Verschwendungssucht kosteten Marie-Antoinette 1793 den Kopf, die Ära der Sonnenkönige war beendet. Das war im selben Jahr, in dem die junge Herzogin Luise von Mecklenburg den preußischen Kronprinzen Friedrich Wilhelm heiratete. Den beiden war klar, dass sie anders leben wollten, als es die Zeremonienordnung am preußischen Hof für sie vorsah. In ländlicher Stille und Abgeschiedenheit, etwa 20 Kilometer von Potsdam entfernt, schufen sie sich eine verträumte Sommerresidenz: das Schloss still im Land, wie sie es in der Familie nannten. Heute ist Schloss Paretz ein Ort, der wie kaum ein anderer die Persönlichkeit der preußischen Königin Luise zeigt, ihre Werte und Vorlieben, ihre Art zu denken, ihre fröhliche Offenheit und nicht zuletzt ihre Liebe zur Natur. Natürlichkeit, Harmonie und die Vermeidung von Prunk waren Gestaltungskriterien für das Familienleben auf Schloss Paretz. David Gilly entwarf das gesamte Dorf als Mustergut, mit einheitlichen Häusern für die Bauernfamilien, Kirche und Wirtschaftsgebäuden, ein Gesamtkunstwerk des Landlebens und ein Gegenstück zu sozialen Verwerfungen. Ein ideales Miteinander sollte hier gelebt werden. Wer als Vergleich jedwedes Schloss heranzieht, das er kennt, wird in Paretz ins Staunen geraten, weil es so bescheiden wirkt. Einziger Luxus sind der weitläufige Garten und seine harmonische Verbindung zur Landschaft sowie die kunstvolle Innenausstattung mit den berühmten Blumentapeten aus Papier. Überhaupt, man spürt hier Liebe zur Natur in beinahe jedem noch so kleinen Alltagsobjekt. Es lohnt sich, an einer Führung durch das Schloss teilzunehmen, um die starke Verbindung von Innen- und Außenwelt, Dekoration und Natur zu erleben. Eine Natur im Sommerglück, farbenprächtig, dauerblühend, dekorativ und nicht bedrohlich.

TIPP

Zur Einkehr lädt das Gotische Haus ein, die ehemalige Schmiede des Musterguts.

● Schloss Paretz, Parkring 1, 14669 Paretz/Ketzin, Tel. (03 32 33) 7 36 11, www.spsg.de
● ÖPNV: Bus 614, Haltestelle Paretz, Schloss

Keines ist wie das andere

8 Apfelgarten Alexandrowka

Hier treffen zwei wunderbare Welten aufeinander: die Welt der russischen Holzbaukunst und die Welt der Äpfel. Erstaunlich, wie gut sie harmonieren. Vielfalt scheint das verbindende Element zu sein. Alexandrowka, das sind zwölf Holzhäuser im russischen Landstil, umgeben von Apfelbäumchen. Benannt ist der Ort nach Zar Alexander. Das war ein Mann der Aufklärung, Enkel von Katharina der Großen. Die Häuser wurden in der Zeit der Napoleonischen Kriege für einen russischen Soldatenchor gebaut. Mit ihren reich verzierten Borten an Dächern und Fensterrahmen, stilisierten Sonnen und Pferden als Glückssymbole erinnern sie an das schnee- und waldreiche Russland. Heute noch werden Häuser dieser Art im ländlichen Raum in Russland gern bewohnt. Gartenbaudirektor Peter Joseph Lenné gestaltete das Gelände und ließ sich dabei von einem Andreaskreuz inspirieren. Zwei Jahrhunderte später haben vor allem die historischen Apfelsorten Seltenheitswert. Es sind etwa 600 verschiedene, und allein schon ihre Namen sind köstlich – Pomphelia, eine alte Renette, Citrinchen und der goldgelbe Herbststreifling. Der runde Pfannkuchenapfel flirtet kokett mit einer Schafnase, deren Früchte länglich und spitz hinüberragen. Manche Sommeräpfel, wie der Klarapfel, strömen betörenden Duft aus. Andere sind fest und lagerfähig, gern ein wenig schorfig in der Schale, und duften erst, wenn sie gebraten sind. Bratapfel ist eine hiesige Spezialität. Etwa 60 Meter östlich des zentralen Wegekreuzes steht ein echtes Naturdenkmal, ein Apfelbaum der Sorte Borsdorfer Renette, der vermutlich bereits bei der Anlage des Geländes vor 200 Jahren gepflanzt wurde. Für den perfekten Glücksgenuss nimmt man im Apfelgarten des kleinen Museums im Haus Nr. 2 Platz. Mit Blick auf die Apfelbäume schmecken Kaffee und Kuchen einfach unvergesslich.

TIPP

Von hier aus führt ein schöner Spazierweg an der Russischen Kirche vorbei auf den Pfingstberg mit seiner wundervollen Aussicht.

- Museum Russische Kolonie Alexandrowka, Alexandrowka 2, 14469 Potsdam, Tel. (01 57) 50 97 46 52, www.alexandrowka.de
- ÖPNV: Bus 604, 609, 697, Haltestelle Am Schragen; Tram 92, 96, Haltestelle Puschkinallee

2

Grünes für die Küche

9 Wochenmarkt am Bassinplatz

Hier gibt es im Frühling den schönen Beelitzer Spargel und im Spätsommer Teltower Rübchen. Der Wochenmarkt am Bassinplatz gilt als der bodenständigste unter den Potsdamer Märkten und er findet täglich außer sonntags statt. Gehandelt wird mit „Grünzeug" – Blumen, Gartenpflanzen, frischem Obst und Gemüse – sowie mit regionalen Fleischerzeugnissen und Backwaren. Das Angebot ist verlockend bunt und malerisch, das Holländische Viertel mit seinen roten Backsteinfassaden leuchtet hinter den Marktständen hervor. Friedrich Wilhelm I., der Soldatenkönig, hatte die nächste Stadterweiterung geplant, kaum dass der Mörtel an den 150 Häusern des Holländischen Viertels getrocknet war. Um Bauland zu gewinnen, musste am Rand des Viertels ein Sumpfgelände entwässert werden. Dazu wurde ein Bassin gebaut, das das überschüssige Wasser aufnehmen sollte, um es dann, ingenieurtechnisch ambitioniert, in den Heiligen See und den Potsdamer Stadtkanal abzuleiten. Es funktionierte nur manchmal, und wenn die Havel Niedrigwasser führte, sammelten sich Schlamm und Unrat im Bassin an und es hagelte Beschwerden der Anwohner. Nach einigen Sanierungsversuchen wurde das Becken 1871 zugeschüttet. Der große Platz behielt seinen Namen. Während die Katholische Kirche St. Peter und Paul und die Französische Kirche an der Ostseite von Religionsfrieden und Toleranz in Glaubensfragen zeugen, wurde der Platz später schwer von der Geschichte gezeichnet. Im Mittelteil liegt ein Ehrenfriedhof für im Zweiten Weltkrieg gefallene sowjetische Soldaten. Hinter der Französischen Kirche erstreckt sich das Klinikum Ernst von Bergmann, ein mehrteiliger Hochhauskomplex. Doch das Schwere, Lastende wird aufgelockert, seit es den Wochenmarkt gibt. Und noch eine Attraktion: Eine um die 300 Jahre alte Eiche hat ihren Platz durch den Sturm der Zeit behauptet. In ihrem Schatten kann man sich mit einem belegten Brötchen auf eine Bank setzen und es sich im quirligen Trubel des Markts gutgehen lassen.

- Wochenmarkt, Bassinplatz, 14467 Potsdam
- ÖPNV: Tram 92, 96, Bus 604, 608, 638, Haltestelle Brandenburger Straße

3,50 €

Entdeckungen in Nowawes

10 Der Weberplatz in Potsdam-Babelsberg

Wo sich heute die belebten Hauptstraßen von Babelsberg kreuzen, befand sich vor mehr als 250 Jahren das Dorf Nowawes. Seine Besonderheit: Friedrich der Große ließ es für die böhmischen Weber bauen, die aus religiösen Gründen ihre Heimat verlassen mussten. Eine Einwanderergeschichte: Die in Böhmen verfolgten Protestanten erhielten vom preußischen Staat ein kleines Haus mit Nutzgarten, in dem sie wohnten und arbeiteten, in der Stube stand der Webstuhl. Im ganzen Haus war es laut und staubig und geschlafen wurde oft auf den Ballen des Rohmaterials. Auch die Kinder mussten mithelfen. Heute erscheinen uns die kleinen Häuser romantisch, doch wer Einblick in den anstrengenden Alltag bekommen möchte, kann die Nowaweser Weberstube besichtigen, ein kleines Museum, das Mitte der 1990er-Jahre in der alten Lehmbautechnik liebevoll saniert wurde. Vom Museum ist es nicht weit bis zum Weberplatz, einer ruhigen Oase um die Friedrichskirche. Viele der typischen kleinen Kolonistenhäuser sind hier erhalten geblieben. Der Platz selbst wirkt ungewöhnlich: Sein dreieckiger Grundriss, so Kunsthistoriker, geht auf die Lehre des böhmischen Bischofs Comenius zurück. Für ihn war das Dreieck ein Symbol für die Einheit von Denken, Reden und Handeln als Wesen menschlicher Vorzüglichkeit. So bewahrt selbst die Platzform ein Stück Identität für die böhmischen Neu-Nowaweser. Auf dem Weg zum Weberplatz steht direkt vor dem Pfarrhaus ein alter Maulbeerbaum. Er sieht gebeugt und vom Sturm zerzaust aus, seine Äste müssen gestützt werden, doch er gilt als stiller Zeitzeuge der Gründungsjahre. Gepflanzt wurde er, wie Tausende andere, auf Weisung Friedrichs des Großen, der von der Seidenweberei in Brandenburg träumte. Nun, auch ein König hat über die Natur keine Macht. Am Platz sucht man sich am besten eine hübsche Bank und genießt die Stille und sinnt vielleicht einen kurzen Moment über das Wesen menschlicher Vorzüglichkeit nach, ehe man in eines der vielen Cafés einkehrt.

TIPP
Wer gern auf Floh- und Bauernmärkten unterwegs ist, hat samstags bis 14 Uhr auf dem Weberplatz die Gelegenheit dazu.

● Nowaweser Weberstube und Weberplatz, Karl-Liebknecht-Straße 23, 14482 Potsdam, Tel. (03 31) 70 70 59, www.weberstube-nowawes.de
● ÖPNV: Tram 94, 99, Bus 601, 616, 693, 694, Haltestelle Potsdam Rathaus Babelsberg

Naturdenkmal

Von Malern sehen lernen

11 Winterspaziergang in der Malerkolonie Ferch

Glück liegt häufig auch in der Fähigkeit, die Welt intensiv wahrnehmen zu können. Das scheinbare Nichts, nur den Farbton des Himmels und die Wolken über dem spiegelnden See zu sehen, macht glücklich. Nichts geschieht. Die Natur scheint den Atem anzuhalten.

Viele Maler, die sich in Ferch niederließen, fanden in der winterlichen Stille ihre schönsten Motive, Karl Hagemeister und Carl Kayser-Eichberg, Hans-Otto Gehrke zum Beispiel. Natürlich kann man hier auch in der warmen Jahreszeit spazieren gehen, aber im Februar zeigt die Landschaft am Schwielowsee so richtig, was in ihr steckt. Und man hat sie fast für sich allein. Dann treten die sizilianischen Träume, die florentinischen Terrassen, die römischen Zypressen der Potsdamer Parks in den Hintergrund und eine andere Materie beginnt zu leuchten: das Winterbild der Natur. Man sieht die Stämme der alten Buchen in ihrer ganzen Pracht. Seladongrüne Flechten auf der silbernen Rinde und das tiefe Kupferrot abgefallenen Laubs bieten Farbspiele, die man durchaus ambitioniert nennen kann. Das Moos leuchtet glücksgrün, die Gräser des vergangenen Sommers haben im Frost subtile Gold- und fahle Steppentöne angenommen – und über allem ein stahlblauer Himmel. Es ist gar nicht notwendig, dass Schnee auf den Kiefern liegt, wie auf den Bildern von Max Koch, oder Eis auf dem See. Gerade das Unspektakuläre der nahen Natur, ihr sanftes grüngelbblaues Leuchten inspirierte die Maler, die nicht nur im Sommer hierherkamen, sondern das ganze Jahr in dieser Abgeschiedenheit verbrachten, fasziniert von den kühlen Farben und den skulpturalen Bäumen, die ihre Stämme und Äste, ihre Struktur erkennen ließen und das Denken hin zur Abstraktion öffneten. Vielleicht lässt sich die Stimmung mit Skizzenblock oder Notizbuch einfangen. Das Licht aus verschiedenen Positionen ausprobieren, schauen, wie sich die Farben ändern, wenn der Standort wechselt, sich der Abstraktion immer stärker annähern, bis die Welt klar und einfach wird.

TIPP

Das hübsche Museum hat an den Winterwochenenden nachmittags geöffnet.

- Museum der Havelländischen Malerkolonie, Beelitzer Straße 1, 14548 Schwielowsee OT Ferch, Tel. (03 32 09) 2 10 25 www.havellaendische-malerkolonie.de
- ÖPNV: Bus 607, Haltestelle Ferch, Potsdamer Platz

Wandel an der Prachtstraße

12 Die historische Maulbeerallee

Der Maulbeerbaum gehört zur selben Pflanzenfamilie wie die Feige. Er führt einen klebrigen Milchsaft, was erklärt, warum Seidenspinner seine Blätter so gern mögen, jene Raupen, die bei ihrer Verpuppung kostbare Seidenfäden erzeugen. Dem Luxusgut Seide galt die Begehrlichkeit der preußischen Könige und bereits der Große Kurfürst begann ab 1685, Maulbeerbäume zu pflanzen, um Seidenraupen zu züchten. Die Technologie der Seidenherstellung hatten aus Frankreich geflüchtete Hugenotten nach Brandenburg gebracht. Friedrich der Große perfektionierte die Seidenproduktion und setzte große Ressourcen des Staatshaushalts dafür ein. Maulbeerbäume wuchsen bald überall in Brandenburg. Es war eine Obsession, ihre Zahl ging in die Million. Nur logisch, dass eine Maulbeerallee direkt vor seiner sorglosen Residenz ihren Anfang nahm. Die Straße vom Schloss Sanssouci zum Neuen Palais entwickelte sich in der Folgezeit zu Potsdams Gartenprachtstraße. Mit den Jahren wurde sie immer repräsentativer bebaut. Wer heute gemächlich hier entlangspaziert, sieht an der Abfolge der Dekoration, der Balustraden und Aussichtspunkte, wie sich die Moden der Gartengestaltung und die Sehnsüchte verändert haben. Wo die Maulbeerallee einen Knick macht, entstanden die Neuen Kammern. Der Sizilianische und der Nordische Garten schließen sich an, das prächtige Orangerieschloss mit seinen Terrassen, das Gelände der Hofgärtnerei, heute Botanischer Garten der Uni Potsdam, zu beiden Seiten der Maulbeerallee und schließlich Belvedere und Drachenturm auf dem Klausberg. Die Alte Mühle erinnert an die Zeit, als es hier ländlich zuging. Längst sind die Maulbeerbäume durch andere Laubbäume ersetzt worden. Wer einmal gesehen hat, wie fest die kleinen Früchte auf dem Asphalt kleben, ahnt, dass das eine gute Entscheidung war. Lediglich zwei der alten Maulbeerbäume sind noch in der Allee zu finden. Die Früchte reifen Ende Juni und sehen aus wie helle Brombeeren. Wer sie entdeckt, sollte unbedingt eine probieren.

● Maulbeerallee, 14469 Potsdam

● ÖPNV: Bus 695, Haltestellen Schloss Sanssouci oder Orangerie oder Drachenhaus

Das gute Leben in SoLaWi

13 Solidarisch gärtnern in Grube

Zwiebelschöpfe in langen Reihen, Kohlköpfe wie Skulpturen, Salat in bunten Farben, Kornblumen vor Pappelreihen. Artischockenblüten locken Schmetterlinge an. Die Felder sind eine Freude für die Augen und sehen eindeutig eher nach französischem Impressionismus aus als nach Brandenburger Sandboden. Der Ort Grube mit seinem lustigen Namen ist ein ehemaliges Bauerndorf im Westen von Potsdam, das vor Jahren eingemeindet wurde. Ein See heißt Wublitz, der andere Schlänitzsee, dazwischen liegt SoLaWi, ein Bauernhof wie aus dem Bilderbuch. Für Mitarbeit erhält man Gemüseerträge, so einfach ist das Konzept der Solidarischen Landwirtschaft. Dahinter stehen Mathias Peeters und Anja Lene Waschke, er Landwirt, sie Pädagogin mit Schwerpunkt Nachhaltigkeit. Gemeinsam tragen die Solawisten Verantwortung für den Ackerboden, die Ernte, die Vermarktung und die praxisnahen Pädagogikkonzepte für Schulen und Kitas. Und die Kinder sind begeistert. Sie dürfen mitackern, die Tiere kennenlernen und sogar beim Ernten helfen. Sie sind konzentriert bei der Sache, weil sie ihr Tun als sinnvoll empfinden, sie haben keine Berührungsängste, weder vor Erde und Insekten noch vor Heu oder Brennnesseln. Und erst recht nicht vor den Bauernhoftieren. Das ganze Märchenset ist da, Hund Rufus und Hahn Peter Schreier rennen über den Hof, nur der Kater hält sich verborgen. Die Esel Krawall und Mar-i-ah ziehen die Kutsche und sind gar nicht störrisch, im Gegenteil, ganz weltläufig. Sie verstehen sogar Französisch und hören auch auf Kinder, die vom Kutschbock aus „Allez! À gauche! À droite!“ rufen. Am Ende sind alle zufrieden und hungrig, das gemeinsame Essen beschließt den Tag. Lene strahlt immer große Ruhe aus, ganz gleich, wie viele Fragen und Wünsche die Kinder an sie herantragen. Und sie weiß genau, was ihr wichtig ist: Glück heißt, mit der Natur im Einklang sinnvolle Dinge zu tun. Erst recht in dieser schönen Umgebung, wo handwerklicher Landbau nicht museal, sondern der Zeit weit voraus ist.

TIPP
Auf zum Mundraub entlang der Feldwege, wenn Brombeeren, Mirabellen, Pflaumen reif sind!

- SoLaWi BAUERei Grube e. V., Wublitzerstraße 11, 14469 Potsdam OT Grube
  bauerei-grube.de
- ÖPNV: Bus 612, Haltestelle Grube

Sterne und Magnolien

14

Garten und Schloss Cecilienhof

Wenn im April die Magnolien blühen, sieht es hier wie im Zauberreich aus. Kunstvolles Fachwerk aus Eichenholz, Torbauten und Giebel, dekorative Schornsteine im englischen Tudorstil harmonieren perfekt mit den exotischen Blüten. Das Schloss Cecilienhof fügt sich so selbstverständlich in den Neuen Garten ein, dass man kaum glauben möchte, nicht in England zu sein. Das Haus für Kronprinz Wilhelm und seine Frau Cecilie war der letzte Schlossneubau der Hohenzollern in Potsdam. Auch in den Kriegsjahren bis 1918 wurden je 250.000 Mark im Kronkassenetat für den Bau bereitgestellt. Doch kaum war das Dach mit den 300.000 Biberschwanzziegeln fertig gedeckt, fiel die Monarchie; der Kaiser musste abdanken und flüchtete mit seiner Familie in die Niederlande.

TIPP

Noch mehr Seeblick kann man in der Gasthausbrauerei Meierei im Neuen Garten genießen.

Von außen vermutet man kaum, dass das Schloss über 176 Zimmer verfügt. Das liegt an der Gliederung in mehrere Innenhöfe, die zu ambitionierter Gartengestaltung geradezu herausfordern. In einem der Innenhöfe, dem sogenannten Ehrenhof, erinnert der aus Geranien gepflanzte, fünfzackige rote Stern an die Potsdamer Konferenz, die hier im Sommer 1945 stattfand. Die Staatschefs der drei alliierten Siegermächte, Josef Stalin, Harry S. Truman und Winston S. Churchill entschieden hier über das Schicksal von Deutschland und die neue Ordnung der Welt. Es gab im zerstörten Berlin kein intaktes Gebäude, das für die Konferenz geeignet war.

Die kunstvollen Gärten, die das Haus umgeben, stehen Spaziergängern offen. Wer an einem Sommerabend vom Heiligen See kommt und nach und nach die bunten Rabatten und architektonischen Feinheiten des Schlosses entdeckt, wird von der heiteren Atmosphäre bezaubert sein. Der Blick über den Jungfernsee im Abendlicht ist zeitlos schön. Die Last der Geschichte scheint tragbar zu sein, und doch berührt es, wenn man darüber nachdenkt, wie schnell und unvorhersehbar sich die Ereignisse entwickelt haben, für die Schloss Cecilienhof Zeugnis ablegt.

- Schloss Cecilienhof, Im Neuen Garten 11, 14469 Potsdam, Tel. (03 31) 9 69 42 00 www.spsg.de
- ÖPNV: Bus 603, Haltestelle Schloss Cecilienhof

Im Frühlingsblütenmeer

15

Spaziergang an der Neustädter Havelbucht

Es gibt gewiss glamourösere Orte, aber man kann gut einen Frühlingstag hier verbringen, wenn man die Stadt mal aus anderen Blickwinkeln sehen möchte. Schön sind die familienfreundlichen Spielplätze am Wasser entlang der Uferpromenade und die Boote, die dicht gedrängt an ihren Liegeplätzen auf die Saison warten. Man kann den Anglern an der Planitz zuschauen und an Schrebergärten vorbei über die Eisenbahnbrücke spazieren. Die Havelbucht gilt immer noch als verborgener Ort, weitab vom Strom der Tagestouristen. Kunsthistorischer Höhepunkt ist die als Moschee dekorierte Pumpstation für das königliche Gartenwasser. Einst lag sie in Sichtweite zum Schloss Sanssouci. Später, als die Häuser in der Zeppelinallee entstanden, geriet das exotische Bauwerk in Vergessenheit. Noch später entstanden an der Bucht etwa 2500 Wohnungen in DDR-typischer Plattenbauweise, und wer hier einzog, durfte sich glücklich schätzen. Man wohnte in bester Lage, zentrumsnah, mit Blick aufs Wasser und viel Freizeitinfrastruktur – Wassersport und Motorbootclubs direkt vor der Haustür. Die Wohnblocks haben dank eines neuen Farbkonzepts in Vanille und Kandis ihren trotzigen Charme ein wenig verloren und das einst elegante Strandcafé, das einer schwimmenden Seerosenblüte gleicht, weckt nur noch spärlich nostalgische Erinnerung an eine Zeit, als Liebe zu Beton chic war. Dass die Wohnblocks die alte Sichtachse vom Maschinenhaus zum Schloss störten und von besonders vergangenheitsbesessenen Preußenfans am liebsten abgerissen worden wären, gehört auch zur Geschichte. Doch gibt es rund um die Havelbucht auch ohne Sichtachsen viel zu sehen, und wenn zu Ostern Weiden und Narzissen um die Wette leuchten, die Schwäne beginnen, Nester zu bauen, und die Skulpturen am Uferweg nicht mehr frösteln, verwandeln japanische Kirschbäume die Bucht in ein Blütenmeer. Wo Wasser ist, entsteht Raum, Wasser ist schön und kann den Himmel spiegeln. Welch Glück, dass die Wege entlang der Havel öffentlich begehbar sind.

TIPP

Im Bootshaus Froschkasten kann man günstig Boote leihen.

- Uferpromenade an der Neustädter Havelbucht, 14467 Potsdam
- ÖPNV: Tram 91, 94, 98, Bus 605, 610, 631, Haltestelle Feuerbachstraße

Mit Blick auf das Ganze

16 Peter Lennés Sichtachsen

Manchmal bleibt einem glatt die Luft weg vor Glück, weil das Land so weit vor einem liegt, Wasser und Himmel, ein einziges Blau in Blau. Bis sich das Auge fängt und registriert: Ach, da ist ja noch was, da geht es weiter. Die Heilandskirche Sacrow oder der Flatowturm sind solche Wegzeichen. Oder es tut sich plötzlich ein Fenster auf in einer grünen Wand und darin steht ein Schloss und ist ganz nah und unwirklich, das Marmorpalais von der Havel aus, das Schloss auf der Pfaueninsel vom Heiligen See. Dann hat der optische Trick mit der Sichtachse funktioniert. Peter Joseph Lenné, des Königs General-Gartendirektor, schien von Anfang an zu wissen, was er wollte: Die Welt ordnen, neugestalten und verbinden. Bereits als junger Gärtner besaß er eine visionäre Begabung, der er 50 Jahre lang folgen konnte. Der Park Sanssouci, Babelsberg, der Pfingstberg, Pfaueninsel und Sacrow. Die Bornstedter Feldflur. Marlygarten, Ruinenberg, gar nicht zu zählen die Parks der ländlichen Gutshäuser, die Projekte in Berlin und im Land Preußen. Sicht ist ein Merkmal seiner Arbeit. Manchmal ging er zugunsten einer Sichtachse rücksichtslos und mit brachialer Gewalt vor, ließ alte Bäume fällen, die im Weg standen, weil ihm der Sichtbezug wichtiger war. Mit einem Netz aus Blickpunkten verband er die Orte im Land, erweiterte die Perspektive und schuf eine ideale Landschaft. Vom preußischen Arkadien ist die Rede, seit 1990 zählt die Potsdamer Kulturlandschaft zum UNESCO-Welterbe. Man kann auf Lennés Spuren auf Entdeckungstour gehen: Vielleicht startet man am Grünen Haus im Neuen Garten, dem einstigen Wohnhaus Lennés. Und dann geht es weiter zum Schloss Glienicke und zum Schlosspark Babelsberg oder von der Moorlake zur Pfaueninsel. Auch wenn alles ganz natürlich wirkt, steckt großer gärtnerischer Aufwand dahinter. Das Freischneiden muss alle fünf Jahre geschehen. Tut man es nicht, wuchern die Sichtachsen zu und der Mensch fühlt sich einsam und verloren.

● UNESCO-Weltkulturerbe Potsdam, viele Orte in und um Potsdam, Infos unter www.spsg.de

Rot mit kleinem Baum

17

Der Hausgarten im Jan Bouman Haus

Wenn die Apfelquitte blüht, ist der kleine Garten hinter dem Jan Bouman Haus im Holländischen Viertel vielleicht am schönsten. Dann trägt das Bäumchen weiße Blüten mit einem Hauch Rosa aus flauschigen Blättern. Kleine Gemüse- und Kräuterbeete ergänzen den Garten, noch blühen die späten Tulpen. Im Holländischen Viertel, diesem intensiv rot leuchtenden Stadtquartier hinter dem Bassinplatz, ist Grün eine Komplementärfarbe und Gestaltungselement der Hausgärten. Selten sind sie zugänglich wie der im Museum Jan Bouman Haus, das vom Alltag im Viertel im Laufe der Jahrhunderte erzählt. Jan Bouman war Architekt in preußischen Diensten. Sein bekanntestes Werk in Potsdam ist das Alte Rathaus mit der markanten Spitze. Für den preußischen König Friedrich Wilhelm I. waren die Niederlande Vorbild in Sachen Handwerk und Gewerbefleiß; er wollte technisches Wissen aus Holland in Potsdam heimisch machen. Deshalb ließ er ein Holländisches Viertel bauen. Das leuchtende Rot der barocken Giebelhäuser, Cafés und Restaurants unter schattigen Linden, Boutiquen und Galerien überraschen und ziehen Besucher an, der visuelle Holland-Effekt ist geglückt. Für die Menschen in den Niederlanden ist ein Garten Teil ihrer Lebenswelt, sie sind begnadete Gartenkünstler, berühmt für ihre Tulpenzwiebeln und ihre Kreativität auf kleinstem Raum. Nutzen und Schönheit werden klug kombiniert. Heute freuen wir uns hier im Viertel an vielen Blumenkübeln entlang der Häuserfronten und Blumenkästen in den Fenstern. Auffällig sind auch die zahlreichen, mit Blumen bepflanzten Baumscheiben. Urbane Gärtner sorgen unermüdlich für Blühendes und gärtnern gegen Achtlosigkeit manch eines Radfahrers und Hundebesitzers an. Das Tulpenfest im Holländischen Viertel veranstaltet der Förderverein zur Pflege niederländischer Kultur in Potsdam, mit Akteuren aus den Niederlanden, Brandenburg und Berlin. Und erinnert damit auch an die holländische Tradition, selbst kleinste Räume erblühen zu lassen.

TIPP

Gegenüber vom Museum gibt's im Poffertjes en Pannekoeken holländische Lieblingsspeisen.

- Jan Bouman Haus, Mittelstraße 8, 14467 Potsdam, Tel. (03 31) 2 80 37 73 www.jan-bouman-haus.de
- ÖPNV: Tram 92, 96, Bus 604, 609, 638, Haltestelle Nauener Tor

Am grünen Gitter vorbei

18 Der Marlygarten im Park Sanssouci

Es war einmal ein einfacher, recht platter Küchengarten. Mit Beeten für Zwiebeln, Erbsen und Petersilie. Und nur wenigen Bäumen, damit das Gemüse sonnig steht. Friedrich Wilhelm I., der für seine Sparsamkeit bekannte Soldatenkönig, ließ den Garten 1715 zur Versorgung der Schlossküche anlegen und nannte ihn stolz „mein Marly", was auch als Statement seiner asketischen Bescheidenheit ausgelegt werden kann, denn wie im legendär-luxuriösen Garten des Château de Marly-le-Roi, dem Vorgängerbau von Versailles, sah es hier wahrlich nicht aus. Doch war hier der Ort, von dem aus Sohn Friedrich das Terrain für sein späteres Sanssouci erkundete, das ab 1745 zu entstehen begann, wieder eine eigene Auffassung von Versailles. Der Marlygarten blieb königlicher Küchengarten und erhielt erst 100 Jahre später, mit dem Bau der Friedenskirche unter Friedrich Wilhem IV., eine neue Funktion. Der zuverlässige Peter Lenné plante die Umgestaltung und formte aus ebenen Gemüsebeeten ein spannendes Landschaftsprofil mit sanftem Schwung und Sichtachsen, lockeren Baumgruppen und Skulpturenschmuck. Alle Wege laufen in leichten Biegungen auf die Friedenskirche zu.

Der Marlygarten ist heute ein abgegrenzter Einzelgarten innerhalb der historischen Park- und Gartenlandschaft, von Mauern umschlossen und dennoch verbunden mit dem Park. Die Herrin hier ist Flora, die Göttin der Blüte. Sie steht auf einem kleinen Hügel und streut barfuß und halb bekleidet Blüten ins Land. Zu Peter Lennés Zeit gab es in der Oberschicht keine gärtnernden Frauen, nur Frauen, die Inspiration schenkten. Im zeitigen Frühjahr, wenn die Wasserbecken noch nicht gefüllt sind und Flora in ihrer maßgeschneiderten Winterverpackung schlummert, blühen unter den Bäumen Tausende Elfenkrokusse dicht an dicht, zarte, blasslila Erscheinungen ohne Blattschmuck und Stängel, wie kleine Gasflämmchen direkt aus der Erde, die guten Geister des Frühlings. Es ist still im Park, wenn die Fontänen nicht plätschern, und dennoch liegt eine besondere Erwartung und Freude in der Luft.

- Am Grünen Gitter, 14469 Potsdam, Tel. (03 31) 9 69 42 00, www.spsg.de
- ÖPNV: Bus 614, 692, 695, 697, Haltestelle Luisenplatz Nord

Grün zum Wohlfühlen

19 Waldbaden im Wildpark

Waldbaden heißt ein Wohlfühltrend, die Idee kommt aus Japan, hätte jedoch genauso gut in Potsdam erfunden werden können. Die Freude am Wald und am Draußensein gehört zur Potsdamer DNA. Nur wollten die Hohenzollernkönige immer etwas mehr aus dem Wald herausholen, das Wild zum Beispiel, das sie zur Strecke brachten. Waldbaden jedoch gelingt am besten, wenn man sich unbeschwert und absichtslos auf die Natur einlässt. Wissenschaftler der Nippon Medical School Tokyo konnten nachweisen: Allein die Zusammensetzung der Waldluft wirkt gesundheitsfördernd. Tief atmen im Wald stärkt den Kreislauf und das Immunsystem, die Atemwege sowieso, und wirkt wohltuend auf Nerven und Haut. Auch Stimmung und emotionales Wohlbefinden bessern sich. Dort, wo der Wald große Vielfalt bietet, ist der Effekt am stärksten. Und wer Bäume umarmt, spürt die Zugehörigkeit zum Universum. Langsamkeit ist erwünscht, schnelles Durchwandern mindert die Wirksamkeit.

Der Wildpark Potsdam zwischen Neuem Palais und Havel war einst ein königlicher Wald und Beispiel mustergültiger Kulturlandschaft. Mit 875 Hektar nahm er nahezu ein Drittel der Insel Potsdam ein. Heute ist er als Gartendenkmal Teil der Stiftung Preußischer Schlösser und Gärten. Waldwege und Wiesen sind so angelegt, dass man sich leicht orientieren kann, der achtstrahlige Wegstern mit dem Futterschirm markiert die Mitte. Einige Gebäude deuten auf die einstige Nutzung als Jagdrevier hin, die Hirschbronze, die Entenfängerei und die Wildmeisterei am Kellerberg, doch das wichtigste königliche Erbe sind die stattlichen Bäume, sorgfältig gehegt, in 30 verschiedenen Arten und zum Teil noch aus dem 18. Jahrhundert. Der Wildpark ist von mehreren Seiten aus begehbar, an den Forsthäusern im Norden, dem Kuhfort-Haus, dem Südtor in Geltow und dem Sanssouci-Tor. Gehen, innehalten. Sich auf Berührungen einlassen. Das Moos auf einem Baumstumpf betasten. Das Licht, die Blattfärbung, den ungewöhnlichen Duft wahrnehmen.

- Wildpark, Werderscher Damm, 14471 Potsdam
- ÖPNV: Regionalzug bis Bahnhof Potsdam Park Sanssouci; Bus 610, Haltestelle Wildpark West

La vie en rose

20 Kirschblütenallee Teltow

Östlich von Potsdam und südlich von Berlin liegt Teltow, eine Stadt in Brandenburg, die für ihre aromatischen weißen Rübchen berühmt ist. Sie werden Ende August geerntet und kommen dann frisch auf die Märkte. Entlang des Teltowkanals, der die Spree mit der Havel verbindet, führte einst die Berliner Mauer, die Westberlin und den damaligen Bezirk Potsdam trennte. Heute ist ein Abschnitt des ehemaligen Mauerstreifens zwischen Teltow-Seehof und Teltow-Sigridshorst mit über 1000 japanischen Kirschbäumen bepflanzt und es gibt kaum ein schöneres Symbol für die Kraft des Wandels. Wenn die Japanischen Kirschen blühen, scheint die Welt in rosa Licht getaucht, so intensiv und magisch leuchten die Blüten in üppigen Büscheln an hohen Bäumen. Wenn die Kirschen blühen, wird gefeiert, es ist ein Fest des Frühlings und der Schönheit, aber auch der Vergänglichkeit. Denn das Leben in Rosa währt kaum drei Wochen: Bereits Anfang Mai rieselt Blütenschnee bei jedem Windhauch von den Zweigen herab. Hanami heißt in Japan das Fest, das die einzigartige Stimmung der Kirschblüte feiert. In Teltow wurde es im Mai 2002 zum ersten Mal begangen und seither sind die Kirschbäume noch größer geworden und erzählen an diesem ernsten Ort neue Geschichten.

Die prächtigen Bäume sind ein Geschenk des japanischen Fernsehsenders Asahi, was der Allee ihren Namen gab. Es wundert nicht, dass das Spektakel weit über Teltow hinausstrahlt und auch viele in Potsdam und Berlin wohnende Menschen aus Japan und Ostasien anzieht. Sie kommen in ihrer traditionellen Festtagskleidung, picknicken auf den Wiesen, flanieren, fotografieren sich und die Familie und beleben den Ort mit ihrer Freude. „Unter den Zweigen der Kirschbäume in Blüte ist keiner ein Fremder hier", sagt der japanische Dichter Kobayashi Issa. Die Umweltinitiative Teltower Platte kümmert sich um mehr als die Bäume; sie sorgt für die Renaturierung des gesamten Grenzstreifens entlang des Kanals und versucht, die grüne Schneise zu erhalten.

TIPP

Wer sicher sein möchte, dass die Bäume blühen, schaut auf dem Kirschblütenticker der Stadt Teltow nach.

- Mauerweg mit TV-Asahi-Kirschblütenallee, 14513 Teltow
- ÖPNV: Bus 601, Haltestelle Teltow Sigridhorst; S-Bahn S 25, S 26 bis Lichterfelde-Süd

Büdnerhaus mit Birnbaum

21 Garten und Heimatmuseum Glindow

Es ist klein, es ist anheimelnd, und es leuchtet rosa, das über 300 Jahre alte Büdnerhaus zwischen Glindower Kirche und Glindower See. Kleiner als ein Kossätenhaus, mit einem Garten nur zur Selbstversorgung. Anneliese Koch war die letzte Besitzerin, und sie scheint gewusst zu haben, dass sie einen Schatz bewohnt. Sie vererbte ihr Haus der Gemeinde mit der Auflage, es in ein Heimatmuseum zu verwandeln. Möbel, Hausrat, Textilien, Bücher und Fotos füllen nun ein Wohnmuseum, das vom Leben in Glindow in den vergangenen beiden Jahrhunderten berichtet. Es gibt keinen Ort, der nicht spannend ist, sobald man in seine Geschichten eintaucht. Die Heimatforscherin und Ortschronistin Brigitte Wilhelm war von Anfang an dabei und hat es zu ihrem Anliegen gemacht, Menschen und Geschichten im Ort zusammenzubringen.

Der liebevoll bepflanzte Garten fällt gleich auf. Ein Gingko strebt in lichte Höhen, Eibe und Schneeballstrauch steuern elegantes Immergrün bei, Maiglöckchen verströmen im Frühling ihren Duft und ganz früh im Jahr füllt ein Teppich aus Krokussen jede lichte Stelle. Die Krokusse haben die Frauen vom Heimatverein gesteckt, als das Haus als Museum eröffnet wurde. Das ist 25 Jahre her. Die Leidenschaft fürs Gärtnern scheint allen im Verein eigen zu sein, der Garten wird hingabevoll gepflegt, eine Gruppe kümmert sich ums Gießen. Im Fontanejahr wurde an der Südseite eine Melanchtonbirne gepflanzt, um an den Birnbaum des alten Herrn Ribbeck zu erinnern. Der Verein vernetzt sich auch mit den zahlreichen Bürgerinitiativen im Ort und organisiert Führungen durch die Glindower Alpen. Doch am Schönsten ist es, mit den Damen vom Heimatverein im Garten Kaffee zu trinken und zu plaudern. Über Obstsorten und Neuigkeiten in der Ortschronik oder das Leben des Glindower Malers Gerhard Gisevius, dessen Bilder noch die Ringöfen der Ziegelbrennereien zeigen. Und der köstliche Kuchen wird immer frisch gebacken.

TIPP

Bei Feuer und Flamme erleben Besucher zum Saisonschluss Ende Oktober zauberhafte Lichteffekte im Garten.

● Heimatmuseum, Kietz 3, 14542 Werder (Havel) OT Glindow, Tel. (0 33 27) 73 19 90, Infos unter www.glindow.net

● ÖPNV: Bus 633, 635, 641, Haltestelle Glindow Kirche

Kostbares Biotop

22 Düstere Teiche und Schloss Lindstedt

Der Name klingt wie aus dem Krimiregal: Südlich des Katharinenholzes im Wald hinter Schloss Lindstedt verbirgt sich ein ungewöhnlicher Glücksort. Ein größerer und ein kleinerer Teich sind durch einen Wasserlauf verbunden, ohne Zu- oder Abfluss, nur vom Regen befüllt. Schwarze, morastige Ufer, Erlenbruch, starker Duft nach Moder: Der Ort macht seinem Namen Ehre. Wer mehr Fantasie hat, stellt sich einen Zufluchtsort für Waldschrat und Wassernixe vor. Im Frühling wird die Stille vom Flattern balzender Wasservögel unterbrochen. Der Schilfgürtel bietet Brutplätze für Blessrallen, Singdrosseln, Wildtauben, selbst Eisvögel wurden gesichtet. Das Beste aber sind die Erdkröten Bufo bufo. Die tellergroßen Amphibien suchen im März ihre Laichplätze im Wasser auf. Die Weibchen legen Schnüre von Eiern um die Wasserpflanzen herum. Bald wachsen daraus Kaulquappen und im Juni verlassen die kleinen Kröten den Teich und suchen sich einen Platz in der Erde. Die Düsteren Teiche sind ein Schatz fürs Klima und für die Artenvielfalt, denn Feuchtgebiete speichern CO_2 gründlicher als der Regenwald. Weil viele Moore und Sümpfe um Potsdam im Laufe der Jahrhunderte trockengelegt wurden, sind natürliche Feuchtbiotope kostbar. Mit diesem Wissen wird man am Ufer der Düsteren Teiche besonders stark von Glücksgefühlen durchflutet, auch wenn man vielleicht kein nettes Krötenkind zu Gesicht bekommt.

König Friedrich Wilhelm III. erwarb die Teiche mit dem Gutshaus Lindstedt am Katharinenholz von der Familie von Bülow, um hier Karpfen zu züchten. Das Gutshaus wurde später zu einer antiken Villa umgebaut. Es liegt direkt am Weg, und als Teil des Weltkulturerbes ist der Garten tagsüber für Spaziergänger geöffnet. Die Laubengänge, Eibenkegel und Buchskugeln bieten viele Nuancen von Grün, aber auch ein leichter Gruseleffekt ist nicht zu leugnen. Das Schloss hat eine gruselige Filmgeschichte als Drehort für den Science-Fiction-Film „Resident Evil“. Den geheimen unterirdischen Laborkomplex glaubt man sofort.

- Düstere Teiche, Lindstedter Chaussee, 14469 Potsdam
- ÖPNV: Bus 612, 697, Haltestelle Katharinenholzstraße

Landpartie wie im Bilderbuch

23 Bauerngarten Atelier in Kartzow

Stille. Wogendes Gras. Kirschbäume, so weit das Auge reicht, sanfte Linien und zarte Farben. Wer nördlich von Potsdam aufs Land reist, sollte einen feinen Sinn für Natur und Landschaft haben, so sah es bereits Theodor Fontane, der mit seinen Wanderungen durch die Mark Brandenburg den empathischen Blick auf die Landschaft schärfte. Er hätte auch nichts gegen die buckelige Chaussee einzuwenden gehabt. Allmählich fransen die Wegränder aus, Sandwege ziehen sich in die Felder und Obstplantagen. Wermut und Brombeeren wachsen am Wegrand. Das Dorf Kartzow liegt zeitlos am Rand der Döberitzer Heide. Schwalben schwirren umher, ein Storchenpaar hat sich wohnlich eingerichtet. Sommerliche Ruhe herrscht rings um die Kirche, nicht einmal eine Katze pirscht durch das Gras. Die Häuser sind aus Klinkern gebaut und sehen wie neu aus. Die alten Fachwerkhäuser fielen 1873 einem Brand zum Opfer.

In solcher Umgebung entsteht Raum für Neues. Die Gärtnerin und Malerin Charis Schwinning hat sich hier niedergelassen, um mit ihrem Mann, dem Schriftsteller Wolfgang Fabian, ihren großen Traum zu leben. Charis möchte mit ihren Bildern die blühende Welt so ordnen, dass sie neue Emotionen auslöst, neue Farbkombinationen offenbart und vielleicht noch nie zuvor so gesehen wurde. Claude Monet ist als fernes Vorbild denkbar. In ihrem Garten kann Charis viele Talente ausleben und die Welt gleich zweimal erschaffen: zuerst als Gärtnerin und sorgfältige Gestalterin der blühenden Welt und dann als Malerin. Während des Malens hält sie Zwiesprache mit den Blüten, die sie zuvor arbeitsintensiv gehegt und gepflegt hat. So wird der Garten Ort großer Sinnerfüllung, mit einer Prise Extravaganz. Und bietet Raum für Gedanken und Träume. Genau das vermittelt Charis auch an Besucher. Der Garten ist mehrmals im Jahr zu besichtigen, die Termine stellt Charis auf ihre Webseite. Und weil sie an der Reihe Offene Gärten der URANIA Potsdam teilnimmt, gibt es auch dort Infos über mögliche Besichtigungen.

TIPP

Kirschen zum Selberpflücken gibt es in der Kirschplantage Lienert.

- Atelier im Bauerngarten, Kartzower Dorfstraße 4, 14476 Potsdam OT Kartzow, Tel. (03 32 08) 5 14 31, www.atelierimbauerngarten.com
- ÖPNV: Bus 609, Haltestelle Kartzow Kirche

Vom Wasser aus grüner

24 Große Inselrundfahrt mit dem Ausflugsschiff

Potsdam ist eine Insel und die schönste Art, sie an warmen Tagen zu erkunden, ist eine Schiffsreise einmal rundherum. Die Potsdamer sind begeisterte Wassersportler und rudern gut trainiert im Kajak oder Paddelboot an einem Tag um ihre Stadt. Das Ausflugsschiff benötigt vier Stunden. Die Passagiere erkunden die landschaftliche Vielfalt, die Lage der Seen und Wasserstraßen und Schlösser und Parks an ihren Ufern aus einer ungewöhnlichen Perspektive. Mal sind die Ufer ganz nah und dann wieder dehnt sich die Wasserfläche scheinbar unendlich aus. Vorbei an der Speicherstadt Potsdam geht es zunächst Richtung Hermannswerder, mit den Gebäuden der Hoffbauer-Stiftung und schmucken Villen mit Blick auf die Havel. Auf dem Gelände des Luftschiffhafens, von dem Graf Zeppelin einst startete, liegt heute ein Sport- und Trainingszentrum, Medaillenschmiede für Wassersportler. Inzwischen gelangt man in den 5,5 Kilometer langen und rund 1,3 Kilometer breiten Templiner See und durch das Caputher Gemünde weiter in den Schwielowsee, der an der Baumgartenbrücke wieder zur Havel wird. An der Inselstadt Werder vorbei geht es unter der Eisenbahnbrücke hindurch auf den Großen Zernsee. Im Göttinsee beginnt der Sacrow-Paretzer Kanal. Links liegt Paretz mit dem Schloss, das Friedrich Wilhelm III. und Königin Luise in den Sommermonaten bewohnten, und am Schlänitzsee kommt das legendenumrankte Schloss Marquardt in Sicht. Im Norden Potsdams entwickelt sich gerade viel Neues. Bald ist auch der Jungfernsee erreicht. Die Meierei kommt in den Blick, die Glienicker Lake und Schloss Babelsberg ziehen auf der anderen Seite vorüber. Inzwischen sieht man die Wasserfront der Berliner Vorstadt und die spektakuläre Fassade des Hans-Otto-Theaters, die vom Wasser aus richtig gut zur Geltung kommt. Entlang der Freundschaftsinsel gelangt man in der Neuen Fahrt zum Hafen hinter der Langen Brücke zurück und fühlt sich erfrischt und glücklich.

TIPP

Für die Plätze auf dem Oberdeck Sonnenschutz mitnehmen!

- Weiße Flotte Potsdam, Lange Brücke 6, 14467 Potsdam, Tel. (03 31) 2 75 92 10 www.schifffahrt-in-potsdam.de
- ÖPNV: S-Bahn, Regionalbahn, Bus oder Tram bis Potsdam Hauptbahnhof

Generöse Wildkräuter

25 Workshops bei Kräuterkäthchen

Klitzekleine Waldmeisterblüten, die Sterne des Bärlauchs, Königskerzen: Wildkräuter sind oft unfassbar schön und strahlen einen besonderen Zauber aus. Sie begleiten uns von alters her, in vielen Familien war das Wissen um die heilende Wirkung von Kräutern verbreitet und das Kräutersammeln und die Anwendung von Kräuterauszügen gehörte einst zum Alltag. Maria alias Kräuterkäthchen möchte den Bezug wieder herstellen und um zeitgemäße Genuss- und Wohlfühlaspekte bereichern. Bei ihren Workshops zeigt sie, wie wohltuend frische Wildkräuter für Körper und Geist sein können. Maria leitet die Teilnehmerinnen beim Sammeln an, zeigt, wie die Kräuter in der Natur zu erkennen sind und was man wissen muss, um nützliche und heilsame Wildkräuter von gefährlichen zu unterscheiden. Allein der Spaziergang durch die Natur ist herrlich. Doch dann wird aus den gefundenen Schätzen etwas hergestellt. Was, entscheidet sich je nach Jahreszeit. Kochen mit Wildkräutern – es können eine Holunderlimonade dabei herauskommen oder ganze Gerichte wie frische Salate und Suppen, vielleicht auch „nur" ein Pesto, das eine besondere Geschmackskomponente in den Alltag bringt.

TIPP

Noch mehr Kräuter in der Slowfood-Küche des Landhotels Potsdam in Golm probieren.

Wilde Kräuter enthalten Vitamine, Mineralien und ätherische Öle, oft in viel höherem Maß als ihre „zahmen" Artgenossen aus dem Treibhaus. Kräuter wie Giersch und Brennnesseln gelten inzwischen als Superfood und kitzeln, wie die zart bitteren, jungen Löwenzahnblätter, die Geschmacksknospen. Einen weiteren Schwerpunkt bildet die Arbeit mit Aromen und Düften, wenn Wildkräuter in Naturkosmetik verwendet werden. Die ausgebildete Kräuterpädagogin Maria Czechowski arbeitet in kleinen Gruppen. Ihre Seminare finden meist im weitläufigen Garten des Apartmenthauses Kaiser-Friedrich in Potsdam Eiche statt. Der Garten ist eine echte Überraschung, die Atmosphäre herrlich unkompliziert und die Kräuterworkshops sind schnell ausgebucht. Doch es gibt auch Möglichkeiten, Einzelführungen oder Workshops im Freundes- oder Familienkreis zu vereinbaren.

- Kräuterkäthchen, Maria Czechowski, 14469 Potsdam, Tel. (0176) 98 80 26 89 www.kräuterkäthchen-potsdam.de
- ÖPNV: Anfahrt zum Hotelgarten: Bus 605, 612, 695, Haltestelle Am Grünen Weg

Spannung und Kontraste

26 Im Sizilianischen und Nordischen Garten

Süden und Norden, Leichtigkeit und Melancholie, Geometrie und Wildheit, Palmen und Nadelbäume: Friedrich Wilhelm IV., der Romantiker auf dem Thron, nahm Kontraste der Welt recht intensiv wahr und versuchte, sie philosophisch zu deuten. Die beiden Gärten rechts und links der Maulbeerallee, der Sizilianische und der Nordische Garten, spielen mit Widersprüchen und Stimmungen, und bilden doch eine gestalterische Einheit.
Der Sizilianische Garten ist von der Maulbeerallee aus gut zu überschauen, er zeichnet sich durch geometrische Beete aus, die wie mit dem Zirkel gestaltet scheinen. Wer ihn durch den Eingang am Löwentor betritt, fühlt sich wie in Italien, und das ist auch die Absicht. Feine, malerisch gestaltete Blumenrabatten und Figuren aus der antiken Mythologie konkurrieren mit subtropischen Kübelpflanzen, die Fontänen plätschern, dichte Laubengänge laden zu Erkundungen ein. Heiter stimmt die Seelöwenfontäne, man sieht die Fischschwänze der mit prächtigen Mähnen geschmückten Löwen erst auf den zweiten Blick.
Ganz anders, kühl und reserviert, vielleicht auch ein wenig finster, wirkt der Nordische Garten auf der anderen Seite der Maulbeerallee. Man betritt ihn durch das Felsentor mit der Adlerfigur; der Adler hat eine Schlange gefangen. Statt einer bunten Farbenpracht findet man hier jede Nuance von Grün. Der Garten wirkt kühl, monochrom und beruhigend. Er lässt an Wasser denken, an ein kaltes Meer. Mächtige Nadelbäume, Fichten und Eiben ragen in die Höhe, den Boden bedeckt Efeu. Schön ist es hier im Herbst, dann schaut man auf die Gartenparterre mit zwei neongelb leuchtende Potsdamer Exoten, einen männlichen und einen weiblichen Ginkgobaum. Joseph Peter Lenné ließ sie pflanzen, des Farbspiels halber. Was einst Ehrfurcht und Staunen und philosophische Betrachtungen auslöste, sieht man heute in vielen Gärten. Hier im Park Sanssouci freut man sich über die Gelegenheit, in verschiedene, weit voneinander entfernte Welten einzutauchen.

● Sizilianischer und Nordischer Garten, Maulbeerallee, 14469 Potsdam
● ÖPNV: Bus 695, X 15, Haltestelle Schloss Sanssouci

Grüne Stunde

27 Im Naturkundemuseum Potsdam

Was treiben die putzigen Mäuse in der Vorratskammer? Was macht der Fuchs auf der Schlossterrasse? Wo in Potsdam finden Haubentaucher und Eisvögel gute Orte zum Brüten und wie hört sich Nachtigallengesang an? Neben den sichtbaren und offensichtlichen Wundern in den Potsdamer Gärten und Parks geschieht viel um uns herum, was wir nicht bemerken, weil die Akteure scheu sind oder erst abends aktiv werden. Das Naturkundemuseum Potsdam widmet sich der heimischen Flora und Fauna. Es geht um die Tiere und Pflanzen, deren Lebensraum wir teilen. Die Dioramen, mit deren Hilfe wir uns die Tiere in ihren Lebensräumen vorstellen können, sind herrlich lebensecht und sogar lustig, fast interessanter als das aufwändig sanierte Kaltwasseraquarium im Untergeschoss, wo man Plötzen, Aalen und Barschen beim Schwimmen zuschauen kann. Ein Schwerpunkt des Hauses ist die brandenburgische Fischfauna. Es stellt die 30 verschiedenen Fischarten vor, die in der Havel und ihren Seen leben. Auch über Vögel lässt sich viel lernen. Besonders beeindruckend sind die Dioramen mit den Großtrappen, die leider immer seltener werden und eine Zeitlang vom Aussterben bedroht waren. Die erstaunlichen Vögel, die bis zu 16 Kilogramm schwer werden können und eine Flügelspannweite wie Seeadler haben, sind nur noch an wenigen Orten nördlich von Potsdam in freier Wildbahn zu beobachten. Ursprünglich Steppenvögel, fühlten sie sich in der märkischen Sandlandschaft so wohl, dass sie sich stark vermehrten. Im 18. und 19. Jahrhundert waren sie so häufig, dass sie die Ernten schädigten und wie Räuber gejagt wurden. Als Bodenbrüter waren sie rasch einzudämmen, noch in den 1930er-Jahren mussten Schulkinder die Gelege auf den Feldern einsammeln. Noch mehr spannende Geschichten von Tieren vor unserer Haustür erfahren Besucher der Vorträge der Veranstaltungsreihe „Grüne Stunde“. Das Wissen über die Interaktionen zwischen Menschen und Tieren hilft, die Natur zu bewahren und die richtigen Schritte zu ihrem Schutz zu unternehmen.

- Naturkundemuseum Potsdam, Breite Straße 13, 14467 Potsdam, Tel. (03 31) 2 89 67 07, www.naturkundemuseum-potsdam.de
- ÖPNV: Bus 695, Haltestelle Naturkundemuseum

Blackberry

Wo Wildpferde weiden

28

Naturschutzgebiet Döberitzer Heide

Wildnis ist pures Glück, und wenn dann noch Wildpferde mit rauchgrauen Mähnen umhergaloppieren und Rinder mit langen Hörnern oder lockige Schafe erstaunt aufschauen, fühlt man sich wie auf einer Zeitreise. Einst lagen hier die Gutsdörfer Ferbitz und Döberitz. Der Staat kaufte ihr Land im 19. Jahrhundert, um es als Militärübungsplatz zu nutzen; mit der Landwirtschaft war es hier seitdem vorbei. Doch Infanterie und Artillerie überformten das Land auf eigene Weise. Auf dem unzugänglichen Gelände entstand ein Landschaftsmosaik von einzigartiger Vielfalt, mit Trockenrasen, Heiden, Mooren, Laubmischwäldern, Pfeifengraswiesen, Röhrichten und Gewässern und einer einmaligen Artenvielfalt. Seit 30 Jahren kümmert sich der Naturschutz-Förderverein Döberitzer Heide e. V. um dieses Juwel nördlich von Potsdam. Wichtigstes Merkmal der Landschaft ist ihre Weite und Offenheit. Doch würde man sie sich selbst überlassen, würde sie in wenigen Jahren von Büschen und Wald verdrängt sein. Offene Wiesen und Heiden müssen aktiv gepflegt werden. Deshalb ist das Engagement der Heinz-Sielmann-Stiftung für ein Wildnisgroßprojekt hochwillkommen. Wisente und Przewalski-Pferde, die extrem seltenen wilden Ahnen aller Pferderassen, weiden im Kerngebiet der Heide. Am Rand grasen Sorraia-Wildpferde und die lebhaften Koniks – auch ihr Bestand ist bedroht. Sie fressen und verbeißen die jungen Baumsämlinge und bewahren so die Landschaft für Fischotter und Seeadler, Dachs und Feldhase, Rohrdommel und Wiedehopf sowie für Sumpfknabenkraut, Pfeifengras und andere extrem empfindliche und seltene Flora und Fauna. Wenn im August die Heide blüht und die Gräser eine fahlgelbe oder leuchtend braune Färbung angenommen haben, wirkt die Landschaft zauberhaft rosa überhaucht. Vom Aussichtsturm am Finkenberg lässt sich die Heide überschauen, an erhöhten Orten laden Pavillons zur Beobachtung der Tiere hinter den Zäunen ein. Das Gefühl, wenn tatsächlich ein majestätischer Wisentbulle zur Tränke schreitet, ist einmalig.

TIPP

Der Familienbetrieb von Helmut Querhammer in Fahrland beweidet mit Galloway-Rindern und Wasserbüffeln die Heide und erzeugt köstliches Fleisch.

● Naturschutz-Förderverein Döberitzer Heide e. V., Zur Döberitzer Heide 7, 14641 Wustermark, www.doeberitzerheide.de; Sielmanns Naturlandschaft Döberitzer Heide, Zur Döberitzer Heide 10, 14641 Wustermark, www.sielmann-stiftung.de

● ÖPNV: RE 4 bis Bahnhof Elstal, dann mit dem Bus 668 Richtung Elstal, Haltestelle Zum Erlebnis-Dorf

Obstbaumblüte und Genuss

29 In der Altstadt von Werder (Havel)

Werder heißt Insel, und ein Teil der Altstadt von Werder liegt auf einer Insel. Man kann sie auf dem Uferweg umrunden, aber auch mit dem Boot umfahren. Theodor Fontane erwähnt in seinen legendären „Wanderungen durch die Mark Brandenburg“ das besondere Vergnügen, das das Umfahren der Insel an Sommerabenden bereitet, „zumal wenn des Echos halber die Fahrt von einem Waldhornisten begleitet wird“. Na ja. Das besondere Vergnügen gilt heute eher der Stille und seit der Elektrobus E30 geräuschlos über die Insel fährt, können die Werderaner aufatmen. Die Insel ist bei Wassersportlern beliebt, es gibt Bootsanlegeplätze für jeden Bedarf und im Sommer geht es wuselig zu. Doch in der Vor- und Nachsaison läuft die Zeit gemächlich. Die Straßen sind von bunten Fischerhäusern gesäumt. Die Heilig-Geist-Kirche reckt ihre zugespitzten roten Türme in den makellos blauen Himmel, die Bockwindmühle schwingt die Flügel. Boote und Netze am Ufer bezeugen den Alltag der Fischer, die hier Aale und Zander aus der Havel holen, regionale Köstlichkeiten, die in der Fischräucherei des Restaurants Arielle veredelt werden. Es duftet verlockend und das Schilf leuchtet. Die Insellage verschonte Werder vor Zerstörungen, die andere Städte in Brandenburg erleiden mussten. Der nach der Wende denkmalsgerecht sanierte, historische Stadtkern wird seither liebevoll gepflegt. Wenn die japanischen Zierkirschen entlang der Lindenstraße blühen, ist das wichtigste Fest der Stadt, das Baumblütenfest, eigentlich schon vorbei. Es wird in der Woche vor dem 1. Mai gefeiert: Seit beinahe 150 Jahren strömen die Großstädter in die Ausflugslokale auf den Hügeln rund um die Stadt. In der Innenstadt herrscht Trubel, doch in den Plantagen geht es ruhiger zu. Die Obstbauern stellen Tische zwischen die blühenden Bäume, es gibt zünftige Schmalzstulle, Kaffee und Kuchen und dazu Obstsäfte und Obstwein. Wer mag, bringt selbst einen Picknickkorb mit und lässt sich zwischen Wiesenblumen nieder.

TIPP

Kulinarische Genüsse in der Fischerstraße: Fischbuletten im Arielle (Nr. 33) oder Sterneküche in der Alten Überfahrt (Nr. 48 b).

- Altstadt, 14542 Werder (Havel)
- ÖPNV: RE 1 oder Bus 607, 631 bis Bahnhof Werder (Havel)

Linien, Kreise, Kugeln

30 Der Garten des Museums Barberini

Der Alte Markt rund um die Nikolaikirche in Potsdam hat eine staunenswerte Neu- und Wiedergeburt erlebt und das Museum Barberini ist eines der schönsten Gebäude in diesem Ensemble. Seit 2017 die erste Impressionismus-Ausstellung im neu errichteten Museumspalais stattfand, hat das Staunen nicht nachgelassen. Claude Monet, Pierre-Auguste Renoir, Berthe Morisot, Gustave Caillebotte und Paul Signac – die Sammlung Hasso Plattner bietet über 100 Werke von 20 Künstlern des französischen Impressionismus. Potsdam gilt inzwischen als ein Hauptort impressionistischer Landschaftsmalerei in Europa.

Glücklich machen die impressionistischen Landschaften, die einen Schwerpunkt der Sammlung bilden, durchaus. Die überschwänglichen Farben, die Leichtigkeit und das flirrende Licht auf den Bildern hellen jede noch so düstere Stimmung auf. Aber auch den Garten des Museums sollte man sich auf keinen Fall entgehen lassen: Die Gartenseite des Palais bildet die Überleitung zur Landschaft und zum Blütenparadies der Freundschaftsinsel. Das Museum kann man nämlich auch von der Gartenseite her betreten, wenn man von der Langen Brücke aus am Ufer der Alten Fahrt entlanggeht. Manchmal wird die aktuelle Kunstausstellung mit einer thematischen Garteninszenierung angereichert, ein Heuschober wie auf Monets Bildern war hier bereits zu sehen. Streng formal nimmt das Grün in seiner geometrischen Form die Gestaltung alter Barockgärten auf, ohne je ornamental zu wirken, die Abstufungen von Grüntönen, die klare Gliederung und der akribische Gehölzschnitt schaffen eine ruhige und strenge Atmosphäre. Doch wenn man von der Balustrade in Richtung Wasser und Freundschaftsinsel schaut, wähnt man sich gleichwohl in einem Impressionismus-Gemälde. Und wenn dann auch noch die Seerosen in der Havel blühen, scheint ein Stück aus Monets Garten auf wundersamen Wegen nach Potsdam gelangt zu sein.

- Museum Barberini, Humboldtstraße 5–6 (Alter Markt), 14467 Potsdam, Tel. (03 31) 2 36 01 44 99, www.museum-barberini.de
- ÖPNV: von Potsdam Hauptbahnhof aus zu Fuß oder mit Bus oder Tram bis Haltestelle Lange Brücke

Sieben Jahreszeiten grün

31

Haus und Garten von Karl Foerster

Für Karl Foerster hatte das Gartenjahr sieben Jahreszeiten: Vorfrühling, Frühsommer und Spätherbst kamen zu den vier üblichen hinzu. Und zu jeder Jahreszeit sollte im Garten etwas blühen, duften und leuchten. Nachhaltigkeit war in seinem Sinne: Nicht mehr das Teppichbeet, wo die Blühpflanzen nach Saisonende entsorgt werden, sondern mehrjährige Staudenbeete machen den Reiz des Gärtnerns aus. Das verlangt Sorgfalt bei der Planung, aber dafür sind die Beete abwechslungsreich und überraschend. Veränderung lautet das Zauberwort, das den großen Staudenzüchter und Gartenphilosophen bewegte. Er kombinierte alles unerwartet, mit ästhetischem Sinn für den Ablauf der Vegetation, für Blattfarben, Formen der Samenstände, Wachstum und Höhenunterschiede und die Bedürfnisse der Pflanzen, frei, unkonventionell und mit glücklicher Hand. Ach ja, denkt man bei jedem Rundgang, so könnte man das auch machen. Der Hausgarten des Staudenzüchters Karl Foerster gilt als der meistbesuchte Privatgarten Deutschlands. Er liegt im Potsdamer Stadtteil Bornim, gleich neben der Staudengärtnerei, in der Foerster-Stauden verkauft werden, immer noch auf dem Originalgelände.

Das Haus entstand 1911 im englischen Landhausstil. Allein schon die Namen für die einzelnen Gartenbereiche klingen fantasievoll: Senkgarten, Frühlingsweg, Farnschlucht, Steingarten, Herbstbeet. Karl Foerster gilt auch als Meister des Wortes, Maler zählten zu seinem Freundeskreis. Er selbst malte mit Blütenfarben; intensiv leuchtende Blüten zeichnen seine Züchtungen ebenso aus wie Frostbeständigkeit. Er scheint ein sehr heiterer Mensch gewesen zu sein und wer seine Lebensdaten sieht, 1874–1970, gelangt leicht zum Schluss, dass Gärtnern lebensverlängernd wirkt. Marianne, seine Tochter, die eine Gärtnerlehre bei ihrem Vater gemacht hatte, kehrte 1990 nach Bornim zurück, wo sie sich um den Erhalt des Erbes kümmerte, das heute die Deutsche Stiftung Denkmalschutz betreut. Der Garten ist ganzjährig geöffnet, der Eintritt frei.

TIPP

Auf der Website der Stiftung erfährt man die Themen und Termine der einstündigen Führungen.

● Wohnhaus und Garten Karl Foerster – ein Haus der Deutschen Stiftung Denkmalschutz, Am Raubfang, 14469 Potsdam, Tel. (03 31) 52 09 36, www.denkmalschutz.de
● ÖPNV: Bus 692, Haltestelle Amundsenstraße/Potsdamer Straße

Superidyll am Seeufer

32

Schlosspark Petzow

Peter Kaehne verschlug es als ersten der Familie aus Böhmen im Dreißigjährigen Krieg in die menschenleere Gegend und er muss einen Blick für die Vorzüge der Landschaft gehabt haben. Vielleicht sah er den hellen Schwielowsee und den dunklen Haussee und den grünen Glindowsee hinter der Grelle, und alles gefiel ihm so, dass er sich hier niederließ. Generationen später besaßen die Kaehnes Lehmgruben und Ziegelbrennereien, waren große Landbesitzer und Steuerzahler. Doch ohne Adelstitel blieb ihnen die gesellschaftliche Anerkennung verwehrt. Der zweite, Carl Friedrich August Kaehne, nahm viel Geld in die Hand, um das Petzower Landensemble zu finanzieren, das den Ort heute so besonders macht. Er wurde dafür in den Adelsstand erhoben. Petzow galt als Musterdorf, romantischer Abschluss des preußischen Arkadiens und auf subtile Weise bezaubernd. Der dritte Kaehne war ein schießwütiger Raufbold, der in die Berliner Justizgeschichte einging und von Kurt Tucholsky mit einem Lied bedacht wurde. Und dann ging es erst mal bergab mit den Ziegeleien und dem Gutsbesitz. Heute sind die meisten der ungewöhnliche Ziegelbauten im Dorf, das nach Plänen von Karl Friedrich Schinkel und Peter Joseph Lenné als Teil einer idealen Landschaft gestaltet wurde, wieder saniert und verlocken zu ausschweifenden Spaziergängen. Den Park kann jeder auf eigene Faust entdecken. Es ist ein sehr großer Park, man sollte sich Zeit nehmen. Schön sind die alten Bäume, sie stehen in Gruppen zusammen, als ob sie sich was zu erzählen hätten. Vielleicht Familienklatsch aus dem Haus von Kaehne, spannend wäre das. Hinter den Baumgruppen blitzt überall Wasser auf, das hat sich Peter Lenné gut ausgedacht. Sanft und gemütlich führen die Wege durch den Park, immer mit dem Versprechen eines Geheimnisses, einer Entdeckung, neuer alter Türmchen mit Zinnen etwa. Man kann nicht genug über die ambitionierten Ziegelbauten staunen, zum Beispiel über das 1819 nach einem Plan von Schinkel entstandenen Waschhaus und über die Kirche auf dem Grelleberg, wo der Himmel durchs Tor scheint.

TIPP

Im Café Drei Kaehne kann man im Garten unter Pflaumenbäumen sitzen.

● Schlosspark Schloss Petzow, Zelterstraße 5, 14542 Werder (Havel) OT Petzow
www.schlossgarten-petzow.de

● ÖPNV: Bus 607, Haltestelle Petzow Schlosspark;
alternativ mit dem Ausflugsschiff über die Havel

Vision für eine grünere Stadt

33 Stadtkanal und Neuer Markt

Zunächst war der Kanal nur ein Entwässerungsgraben, der mitten durch Potsdam führte, von der Oberen Planitz bis zum Tiefen See. Er verband die Neustädtische Havelbucht mit dem Kellertor am Nordende der Schiffbauergasse. Als der Soldatenkönig seine Sommerhauptstadt erweitern ließ, ließ er ihn zu einem schiffbaren Wasserweg ausbauen, auch um Baumaterial herbeizuschaffen – die in großen Mengen benötigten Backsteine. Friedrich der Große ließ den Kanal zu einem Kunstwerk gestalten, mit gusseisernen Schmuckelementen und Kandelabern. Damals hieß er Potsdamer Gracht. Seit es den Kanal gibt, wird um seine Funktion gerungen, das häufig stehende Wasser galt als Gesundheitsrisiko. Im 20. Jahrhundert zunächst saniert, wurde er 1965 restlos zugeschüttet. Doch im 21. Jahrhundert machen sich Potsdamer für den Kanal stark, sie wünschen ihn sich zurück, und zwar funktionstüchtig, fließend und kühlend. Das hört sich ein wenig exzentrisch an, wo doch so viel Wasser in der Havel vorhanden ist. Doch den Kanal zurückzugewinnen, hieße auch, ein weiteres barockes Highlight in die gebeutelte Stadtmitte zu setzen, ein Stück Erinnerung. Das wiedererstandene Barockensemble um den Neuen Markt, eines der größten in Europa, ließe sich weiter ergänzen. Ein rekonstruierter Abschnitt des Kanals ist an der Yorckstraße bereits entstanden, mit Bäumchen im barocken Formschnitt, Bänken, Brücken und Geländern. Allen gefällt es, auch wenn er nicht mehr temporär mit Wasser befüllt wird. Das Für und Wider einer Verlängerung wird lebhaft diskutiert, der Kanal sei gut fürs Stadtklima, schaffe Abkühlung und stehe für Identität. Der nächste Schritt der Kanalrekonstruktion würde einige Parkplätze kosten, vielleicht müsste man die Straßenbahnlinie umlegen, doch viele hübsche Orte zum Verweilen könnten stattdessen entstehen. Und entspricht diese grüne Vision nicht der Forderung, Städte für den Klimawandel fit zu machen?

- Stadtkanal, Yorckstraße 6, 14467 Potsdam
- ÖPNV: Tram 91, 92, 96, 98, Haltestelle Platz der Einheit/Bildungsforum

Vom Dunkel ins Licht

34

Neuer Garten am Heiligen See

Parks und Gärten sind Refugien für die Seele, und im Neuen Garten am Heiligen See spürt man das ganz besonders. Ein mysteriöser Ort, mit verborgenem Sinn und starken Emotionen aufgeladen. Lockere Baumgruppen gliedern weite Räume und Wiesenflächen, Sichtachsen stellen überraschende Bezüge her. Und immer ist der Heilige See ganz nah, kühl glitzernd und hell. Der Neue Garten sollte ganz anders sein als der Park von Sanssouci, er sollte weder einengen noch belehren, sondern der Seele Raum geben, damit sie sich aufschwingen kann zum Denken. König Friedrich Wilhelm II., Neffe Friedrich des Großen, war im Herzen Esoteriker und Freimaurer. Als Kronprinz ließ er sich das Marmorschloss am Seeufer bauen und umgab es mit geheimnisvollen Symbolen. Die Schlossküche ist als versunkener Tempel angelegt, der Eiskeller als ägyptisch anmutende Pyramide. Und in der Gotischen Bibliothek am Südufer sammelte er spirituelle Bücher. Von der Dunkelheit ins Licht, so lautete sein Lebensmotto, und der Garten am Heiligen See ermutigte und tröstete ihn in dunklen Stunden. Ein Lieblingsort zum Nachdenken war die Einsiedelei am Ufer des Jungfernsees, außen düster und rätselhaft, innen reich mit Malerei und Marmorintarsien geschmückt. Der Palmensaal in der Orangerie war seiner musikalischen Leidenschaft vorbehalten, die Palmen sind aus Holz geschnitzt und müssen nicht überwintern. Der König spielte leidenschaftlich gern Cello und die Raumakustik hier ist für Kammerkonzerte optimal. Wer sich vielleicht weniger auf die kunsthistorischen Kostbarkeiten im Neuen Garten einlassen möchte, setzt sich auf eine der Bänke und lässt den Blick über den See oder das wogende Gras schweifen. Oder erfrischt sich bei einem Bad, allerdings nur an den ausgewiesenen Badestellen. Denken ist heute kein Privileg der Könige mehr, achtsames Verhalten im Park ist ein nobles Zeichen. Dann kann man sich hier königlich erholen, vielleicht die Rätsel der Welt ergründen, im klaren Wasser baden und das Licht auf sich zukommen lassen.

TIPP

Das nahe Café Matschke bietet romantisches Ambiente und feine Bistrogerichte.

- Neuer Garten, Am Neuen Garten, 14469 Potsdam, www.spsg.de
- ÖPNV: Bus 603, Haltestelle Am Neuen Garten/Große Weinmeisterstraße

Garten für alle Sinne

35 Sanssoucis Römische Bäder

Blumenwiesen mit langen Grasrispen, darin Gruppen hellgrüner Platanen und dunkler Rotbuchen. Ein Garten, üppig mit südlichen Gemüsesorten bepflanzt – Artischocken, violette Salatköpfe, Stangenbohnen –, darüber bunte Schmetterlinge. Fein abgestimmte geometrische Muster aus silberfarbenen Kräutern und Steingartenpflanzen und im Hintergrund ein Landhaus. Wirtschaftsgebäude, Säulengänge und ein kleiner Tempel. Wo sind wir? Im italienischsten aller italienischen Gartenbereiche des Parks, nämlich dort, wo die herrschaftliche Inszenierung einem Traum von Privatheit folgt: an den Römischen Bädern. Man kann hier Goethe spielen: sich malerisch in die Landschaft drapieren und vorstellen, man sei in Italien. Das gelingt täuschend echt. Nur der Vesuv fehlt. Auch geübte Sanssouci-Parkbesucher zieht es immer wieder zu den Römischen Bädern im südlichen Teil des Parks, weil es hier wie im Italienurlaub anmutet. Vor etwa 200 Jahren fesselten die Ausgrabungen in Pompeji die Gemüter und regten die Fantasie an. Pompeij vermittelte ein ganz neues Bild der Antike, einen ästhetisch perfekten, hedonistischen Lebensstil, der zum Modell für Gartenkunst, Badekultur und Lebensgenuss wurde. Seither hielt das pompejische Rot Einzug in die preußischen Gärten. Die Räume besaßen von Anfang an einen musealen Charakter. Friedrich Wilhelm IV., der seinen Spitznamen „der Butt" selbstironisch annahm, hatte sich die Bäder als privaten Rückzugsort gewünscht. Da ist er auch schon, ein leises Plätschern, ein zierlicher Brunnen am Eingang, man übersieht ihn fast. Mit dem bronzenen Heilbutt als Brunnenskulptur begrüßt der Hausherr seine Gäste.

Leider wird das architektonische Ensemble, ein Meisterwerk der Architekten Schinkel und Persius, auf längere Zeit geschlossen sein. Die Rettung des kostbaren Kleinods ist dringend notwendig. Doch zwischen Schloss Charlottenhof und den Bädern gibt es die Kunstwiese, wo man an Sommerwochenenden Malsachen ausleihen kann, dazu Sonnenschirm und Klappstuhl. Und los geht's auf Motivsuche!

- Römische Bäder im Park Sanssouci, 14471 Potsdam
- ÖPNV: Bus 610, Tram 94, 98, Haltestelle Schloss Charlottenhof

Schutzort für Greifvögel

36 Falkenhof und Waldhaus

Lautlos gleitet der puschelige Bartkauz über die Zuschauerreihen, die Kinder recken die Köpfe. Welcher Vogel hat das beste Gehör? Die schärfsten Augen? Und was hat der Dorn im Nasenloch mit der Fluggeschwindigkeit zu tun? Wenn Ilka Simm-Schönholz mit ihren Assistentinnen die Adler, Falken, Geier und Eulen im Flug und aus der Nähe vorstellt, ist ihr die Aufmerksamkeit sicher. Nicht nur junge Zuschauer erleben den Freiflug der Greifvögel begeistert, Erwachsene jeden Alters sind fasziniert von der Nähe zu den Tieren und deren extremen Flugleistungen, aber auch von der ruhigen Atmosphäre im Falkenhof am Waldrand. Ab und an kräht der Hahn im Streichelzoo. In den Potsdamer Ravensbergen sorgt sich der Verein Wald-Jagd-Naturerlebnis e. V. um Greifvögel, aber auch kranke oder verletzte Wildtiere werden mit viel Engagement gepflegt und aufgezogen. Dazu betreibt er den Falkenhof und das Waldhaus. Das Waldhaus liegt etwas tiefer im Wald, hier gibt es auch Feriencamps, es wird in Hütten übernachtet oder unter dem Sternenhimmel. Schwerpunkte sind die Waldpädagogik, das Naturerlebnis, altersgerechte Bildungs- und Erziehungsarbeit und das Engagement für Naturschutz und Landschaftspflege. Ilka Simm-Schönholz bringt all das zusammen. Sie ist Pädagogin und leitet den Verein seit 1999. Um die Leidenschaft für Greifvögel mit dem Engagement für die Natur und Bildungsarbeit im Wald zu verbinden, ließ sie sich zur Jägerin und Falknerin ausbilden. Zu ihren Spezialgebieten zählt die Rettung von Schreiadlerküken. Denn auch wenn zwei Eier ausgebrütet werden, überlebt nur eines der Adlerjungen, Forscher nennen dieses Phänomen Kainismus – nach Kain und Abel. Doch wenn es gelingt, das zweite Junge unmittelbar vor dem Schlüpfen aus dem Horst zu nehmen, wird es nicht getötet, kann in der Aufzuchtstation des Vereins heranwachsen und wird am Ende des Sommers in der Uckermark ausgewildert. Zu sehen, wie die jungen Adler die Flügel ausbreiten, zählt zu den größten Geschenken für eine Arbeit, der die Vereinsmitglieder unzählige ehrenamtliche Stunden widmen.

● Wald-Jagd-Naturerlebnis e. V., Ravensberggestell 2, 14478 Potsdam, Tel. (03 31) 8 70 07 96, www.waldhaus-potsdam.de

● ÖPNV: Tram 91, 93, Haltestelle Eduard-Claudius-Straße/Heinrich-Mann-Allee, weiter zu Fuß (Am Försteracker, Hasensprung und dann dem ausgeschilderten Weg zum Falkenhof folgen)

Kein Schnörkel zu wenig

37 Schlossterrassen und Park Babelsberg

Sanfte Hänge, Wiesen mit glänzenden Gräsern, hohe Laubbäume und immer wieder mal leuchtend blaues Wasser – diese Landschaft ist so harmonisch, dass man zur Ruhe kommt. Eine Aussichtsbank ist schnell gefunden oder man bleibt einfach stehen und hält inne, es ist ein altmodisches Wort. Filmschöne Landschaft umgibt Potsdam, und den Park Babelsberg oberhalb des Schlosses hat man häufig ganz für sich allein. Wer es dramatischer mag, geht hinunter zu den Schlossterrassen. Prinz Wilhelm ließ sich auf dem Babelsberg am linken Ufer der Havel 1833 eine Sommerresidenz anlegen, die so ziemlich alles übertrifft, was seine Onkel und Brüder an Schlössern auf die Beine gestellt haben. Das soll an seiner Frau, der zukünftigen Kaiserin Augusta, gelegen haben, die Glanz, Drama und Extravaganz liebte. Und außerdem sollte das Schloss nicht so aussehen, als sei man arm.

Fürst Hermann Pückler, der seit 1842 zur Gartengestaltung hinzugezogen wurde, ärgerte sich dennoch über die falsche Sparsamkeit des Schlossherrn. „Wenn die Bewässerung nicht zweckmäßiger eingerichtet wird, so ist es unmöglich, aus einem Sandberg frische Wiesen und üppigen Wald hervorzuzaubern", schrieb er an seinen Auftraggeber. Ein Pumpenhaus sorgte daraufhin für Gartenwasser und ließ auch den Geysir in der Havel sprudeln.

Große Fenster entsprechen dem Wunsch, das Innen allmählich ins Außen übergehen zu lassen. Die Terrassen sind gewissermaßen die Inszenierung des Zwischenraums, deshalb wirken sie ungewöhnlich kostbar. Dass die Goldene und die Blaue Terrasse, die Voltaire- und die Porzellanterrasse nach ihrer Sanierung heute wieder so strahlen, ist eine Meisterleistung der Gartenarchitekten und Gärtner – allerhöchste Gartenkunst. Jedes Detail hat eine symbolische Bedeutung bis hin zu den Sternenblüten des Solanums, den mystisch violett-silbernen Arabesken der Teppichbeete. Der Garten soll, so Fürst Pückler, die Urgeheimnisse der menschlichen Existenz ergründen. Wir staunen heute vielleicht darüber, wie einfach er sich das vorgestellt hatte.

TIPP

An warmen Tagen ist ein Besuch im Schwimmbad an der Havel eine gute Ergänzung.

● Park Babelsberg, Schlosspark Babelsberg, 14482 Potsdam, www.spsg.de
● ÖPNV: Bus 616, Haltestelle Schloss Babelsberg

Wege am Havelufer

38 Mit der Fähre vom Kiewitt zum Hermannswerder

Der Kiewitt ist vielleicht kein Ort, den viele Touristen kennen, aber es wohnt sich hier gut und Potsdamer schätzen die großflächigen Grünanlagen und die durchgehende Uferpromenade mit Fahrradwegen und Spielplätzen, vielen alten Bäumen und einer Blütenpracht, die auch den Schlossgärten weiter nördlich Ehre machen würde. Der Stadtgärtner Hans Kölle gestaltete 1935 den Uferpark an der Havel. Sein Verdienst ist es, dass die Uferwege öffentlich zugänglich geblieben sind. Die Relikte der Bastion verbinden ganz im Sinne Potsdamer Gartentradition eine schöne Aussicht mit pragmatischem Nutzen. Sie diente einst als Pumpenraum, um das Stadtgrün zu bewässern. Eine Lindenallee führt vom Uferpark zum Schillerplatz, der ebenfalls um 1935 von Hans Kölle für das damals neue Wohngebiet angelegt wurde. Der südliche Abschnitt wurde zwischen 1968 und 1973 bebaut. Hochhäuser bieten vielen Menschen bezahlbaren Wohnraum, Wassersportclubs, Kleingärten und Anglervereine sorgen für grünes Freizeitglück.
Die Straße Auf dem Kiewitt endet am Fußweg zum Fähranleger. Dort geht es mit der Seilfähre zum Hermannswerder hinüber. Sie kann mit dem ÖPNV-Ticket genutzt werden und verkehrt alle 20 Minuten. Das Seil muss öfter mal von Tauchern gewartet werden, denn der Schiffsverkehr, der hier ziemlich dicht ist, beschädigt es mitunter. Der Plan, eine vierspurige Straßenbrücke zwischen Kiewitt und Hermannswerder anzulegen, ist angesichts der Eingriffe in die sensiblen Havelufer wohl nicht mehr zeitgemäß.
Der Hermannswerder bietet herrlich ruhige Uferwege. Die Seerosen auf der Havel, Wasservögel in großer Zahl, dazu die allgegenwärtigen Bootsliegeplätze geben einem manchmal das Gefühl, in Florida zu sein. Was man auch sieht: Potsdam erlebte einen Bevölkerungszuwachs ohnegleichen und entwickelte sich von der kleinen Residenzstadt umgeben von Wäldern und Seen zur modernen Landeshauptstadt und Vorreiterin bei Umweltschutz- und Energiewendeprojekten.

● Seilfähre, Auf dem Kiewitt, 14471 Potsdam
(Den Hinweisschildern F1 zur Fähre folgen.)

Landpartie & Filmgeschichte

39 Schloss Marquardt am Schlänitzsee

Der Park um Schloss Marquardt muss mal ein toller Ort gewesen sein, mit kostbaren exotischen Bäumen, einem Panoramablick über den See, der Blauen Grotte, Teichen, Fontänen und mystischen Harfenklängen. Und dass König Friedrich Wilhelm II. zu spiritistischen Sitzungen der Rosenkreuzer in die Blaue Grotte kam, um Geistern Fragen zu stellen, ist von der Geschichtsschreibung bezeugt. Doch die Geister waren fake, inszeniert vom Schlossherrn Hans Rudolf von Bischoffwerder, der befähigt war, den König zu beeindrucken. Doch auch später kam das Schloss nicht zur Ruhe. Ende des 19. Jahrhunderts erwarb es ein gewisser Carl Meyer, Berliner Repräsentant der Essener Stahlfirma Krupp, und ließ es nach seinen Bedürfnissen ausbauen. Vielleicht sind auch die Geister des Hauses Krupp in die Substanz eingewoben. Das Jahr 1932 brachte für das Schloss ein kurzes Intermezzo als Ausflugshotel der Restaurantkette Kempinski, die hier eine riesige Kaffeeterrasse hochzog. Nach dem Krieg wurde es verstaatlicht und bis zur Wende als Forschungsinstitut für Obst- und Gemüseanbau genutzt. Der Park ist so groß, dass man sich den ganzen Tag darin tummeln könnte. Neben Picknickplätzen unten am See gibt es auch Angelplätze, Bootsanlegestellen und ein Volleyballfeld. Außer es wird gerade gedreht. Denn das verzauberte Schloss ist Lieblingsort für Historienfilme, Mystery-Serien und Krimis. Als Filmlocation wirkt gerade die Optik des leicht Gespensterhaften als Alleinstellungsmerkmal. Filme wie „Spencer", „Die Bücherdiebin", „Saphirblau", Szenen für „Bridge of Spies", Dokufilme und Musikvideos wurden hier gedreht. Potsdam als eine der UNESCO Cities of Film hält viel mehr bereit als die Filmstudios Babelsberg. Wublitz, Schlänitzsee und der Sacrow-Paretzer Kanal prägen eine filmische Landschaft. Der Charme der alten Gemäuer kommt im Herbst besonders gut zur Geltung, wenn die Blattfärbung der Blutbuchen und wilden Äpfel mit Zürgelbaum, Tulpenbaum, Zucker-Ahorn und Pfaffenhütchen um die Wette leuchten.

TIPP

Auf dem Obstgut Obstscheune Satzkorn kann man Kirschen und andere köstliche Früchte selbst ernten.

- Schloss Marquardt, Hauptstraße 14, 14476 Potsdam-Marquardt, Tel. (01 73) 4 24 60 53, www.schloss-marquardt.com
- ÖPNV: Regionalzug bis Bahnhof Marquardt; Bus 614, 650, Haltestelle Schloss Marquardt

Konferenz der Vögel

40 Schlosspark Caputh

Einst war Caputh von Ziegelbrennereien und kleinen Fabriken geprägt und es rauchten so viele Schornsteine, dass Theodor Fontane das Bild vom Chicago der Mark Brandenburg einfiel. Das konnten damals nur wenige Menschen prüfen. Heute ist von Schornsteinen kaum noch etwas zu sehen, außer bei der Fischräucherei unten an der Havel. Rund um den Ort tummeln sich Wassersportler und Sommerfrischler, in den Gärten blühen große alte Rosenstöcke, keine Spur von Chicago. Das Schloss ist wichtig, außergewöhnlich wertvoll und alt und die Schlossbesichtigung gehört auf die To-do-Liste in Caputh. Es ist das einzige erhalten gebliebene Schloss aus dem Brandenburger Frühbarock. Das Tolle daran, neben der Tatsache, dass es den Wirren der Geschichte entging, sind die prachtvollen Deckengemälde und der wunderschöne Fliesensaal. Er ist über und über mit Segelbooten und holländischen Landschaften dekoriert. Das glänzende Blau auf Weiß bleibt jedem in Erinnerung. Der Park trägt Lennés Handschrift, ein englischer Landschaftspark mit alten Bäumen und Sichtachsen zum See. Wenn man ein wenig schlossmüde geworden ist angesichts all der Herrenhäuser und Schlösser in der Umgebung, dann setzt man sich auf eine Parkbank, schaut ins Grüne und hört auf nichts anderes als die Stimmen der Vögel. Die Luft vibriert regelrecht und man staunt, wie die Ruhe der Natur im Frühsommer lärmen kann. Was für ein Glück, den Kuckuck zu hören. Früher kannte jedes Kind seinen Ruf. Heute zählt er zu den gefährdeten Arten. Amseln, Finken, Blässhühner, Schilfrohrsänger, Vögel des Waldes, der Wiesen und des Wassers mischen ihre Laute zu polyphonem Hörgenuss. Am Parkausgang, am Platz zwischen Schlosseingang und Heimathaus, fällt ein besonders schön mit wildem Wein geschmücktes Haus auf. Davor steht eine Bank, umgeben von bunten Papierfahnen. „Literarische Ladestation" steht darauf. Wenn man, erfüllt von all den Vogellauten, selbst Lust bekommen hat, etwas Schönes zu zwitschern, setzt man sich auf diese Bank und schreibt ein Gedicht.

TIPP

Im Hofladen der Familie Lechler unbedingt den zarten Räucheraal aus der Havel probieren!

- Schloss Caputh, Straße der Einheit 2, 14548 Schwielowsee, Tel. (03 32 09) 7 03 45 www.spsg.de
- ÖPNV: Bus 607, Haltestelle Caputh, Schloss; RE 7 bis Bahnhof Caputh-Geltow

Literanische Ladestation

Offenes Gärtnern für alle

41 Ökolaube am Schlaatz

Durch Gärten spazieren und Gärten bewundern ist ein Genuss und in Potsdam ist das Angebot dafür riesig. Auch selbst zu gärtnern kann viel Freude bereiten und ist für immer mehr Menschen der eigentliche Gartenspaß. Unzählige Kleingärtner sind in Vereinen und Schrebergärten organisiert und genießen den Garten auf kleinem Raum, mit Selbstversorgung, frischem Gemüse und Kräutern und einer kleinen Laube als Unterschlupf. Wer lernen will, möglichst nachhaltig und ökologisch zu gärtnern, und wer vielleicht noch keinen eigenen Garten gefunden hat, ist in der Ökolaube am Schlaatz genau richtig. Den idyllischen Ort am Rand der Kleingartenanlage gibt es seit 30 Jahren. Entstanden ist er ehrenamtlich aus einer Umweltinitiative der ehemaligen DDR, die sich um das Nuthetal kümmerte. Jan Brödner ist von Anfang an dabei und hat vieles selbst mitgestaltet. Das Grundstück ist so groß wie drei Kleingartenparzellen und es ist erstaunlich, was hier alles Platz findet: Die namensgebende Laube ist in ökologischer Lehmbauweise gebaut, das Dach begrünt. Daneben entstand ein kleines Treibhaus für Tomatensetzlinge. Ein Gartenteich, Blühwiesen, alte Obstbäume und auch der legendäre Speierling mit seinen hübschen rotgelben Beeren sowie bienenfreundliche Kräuter fehlen nicht. Schmetterlinge über Schmetterlinge. Das Schönste ist die sehr entspannte Atmosphäre, die das Gärtnern hier begleitet. Alles kann geschehen, nichts muss. Außer gießen. Das wird ehrenamtlich organisiert. Daneben gibt es NABU-Angebote zu ökologischen Aspekten des Gärtners: Wie der Boden verbessert werden kann, welche Pflanzenauswahl auch Insekten und Vögeln gefällt, welche Gemüsesorten unproblematisch gedeihen … Wer Lust hat, nach Büroschluss mitzugärtnern und beim Gießen zu helfen, oder eine Idee für ein Biotop im eigenen Garten sucht, kann dem Impuls folgen und vorbeikommen.

● Ökolaube am Schlaatz, Nähe Wieselkiez 6, 14478 Potsdam,
Jan Brödner, Tel. (03 31) 2 01 55 14
● ÖPNV: Tram 91, 92, 93, 96, Haltestelle Bisamkiez;
Bus 601, 690, Haltestelle Abzweig Betriebshof VIP

Rosen im Osten

42 Schloss und Park Charlottenhof

Er wäre so gern Architekt geworden, musste aber Kronprinz sein. Er heiratete aus Liebe und wäre gern Vater vieler Kinder geworden, blieb jedoch kinderlos. Sehnsucht nach Kindern spürt man im kleinen Schloss Charlottenhof fast in jedem Raum, besonders im blau-weißen Zeltzimmer mit den kleinen Betten. Friedrich Wilhelm IV. ließ sich das Sommerschloss zwei Jahre nach seiner Hochzeit mit der bayerischen Prinzessin Elisabeth bauen, von Karl Friedrich Schinkel, seinem Seelenfreund. Es entstand aus einem einfachen Landhaus, ist das intimste kleine Schloss im Park von Sanssouci und trotz seiner geringen Größe überaus kostbar. Man kann bei einer Führung viel entdecken, auch Schinkels goldene Sterne auf blauem Grund, die an der Westseite des Hauses den Abend symbolisieren. Ein erhöht liegender Hausgarten wird nach Süden von einer Pergola abgegrenzt, der Blick geht offen in Richtung Park. Die Pergola und die Rundbank an der Stirnseite haben ebenfalls symbolische Bedeutung: Sie bilden den Grundriss einer frühchristlichen Kirche ab, man kann es sich ganz gut vorstellen. Das Wohnhaus sollte wirken, als sei es in eine Kirchenruine hineingebaut worden, eine romantische Vorstellung der damaligen Zeit.

Wir verlassen die Terrasse Richtung Osten, dort locken die Rosen! Der romantische Rosengarten ist über und über mit historischen Hochstammrosen gestaltet, die im Juni blühen. Und auch das hatte Sinn für den von Symbolen geleiteten König: Im Osten stehen die warmen Blütenfarben für den Sonnenaufgang, den Tagesanbruch, das Aufblühen. Die historischen Rosen verlangen den Gärtnern ein Höchstmaß an Ehrgeiz und Fürsorge ab, sie sind kapriziös, ein Traum an Duft und Extravaganz. Man nehme Platz in der kleinen Laube und wähle seine Lieblingsrose aus. Das kann dauern. Die Kostbarkeit des kleinen Schlosses und seiner Umgebung ist sehr subtil, je mehr man davon einatmet, desto besser. Man kann nicht genug davon bekommen.

TIPP

An den Sommerwochenenden gibt es Utensilien und einen beschatteten Sitzplatz, um im Freien zu malen.

- Schloss Charlottenhof, Geschwister-Scholl-Straße 34 a, 14471 Potsdam, Tel. (03 31) 9 69 42 00, www.spsg.de
- ÖPNV: Bus 610, Tram 94, 98, Haltestelle Potsdam, Schloss Charlottenhof

Und mittags nach Vietnam

43 Vietnamesische Küche im Le's Cyclo

Madame Le und ihr Team sind in Potsdam eine Institution und das Lokal mit der Fahrradrikscha im Logo, die in Vietnam für Mobilität und köstliches Streetfood steht, macht die Potsdamer seit sieben Jahren glücklich. Es hat sich herumgesprochen, dass hier nahezu alle Speisen tagesfrisch, handgemacht und in bester Bioqualität serviert werden, von einem jungen, freundlichen Team. Die Inhaberin Thai Thao Le teilt ihre lange erprobten und bewährten Familienrezepte gern mit ihren Gästen. Die Suppe (Pho) gilt als der kulinarische Schatz Vietnams. Traditionsspeisen wie diese werden in Le's Cyclo kreativ ergänzt und abgewandelt, das Ergebnis ist immer schmackhaft und erfrischend. Die Suppe aus Rindfleisch und Reisnudeln gibt es auch in einer vegetarischen Version, gewürzt mit Zimt, Sternanis und Nelken. Teigtaschen, Sommerrollen, Mangoshrimps, Reisbandnudeln, Kokosmilch und Hühnchen – zwei Tagesgerichte und wechselnde Überraschungen sind die verlässliche Grundlage der Speisekarte für Mittagsgäste, mit viel Gemüse und frischem Salat, spannend angerichtet und wie der Banh Bao Burger auch für Kinder gut geeignet. Und immer auch als vegetarische und vegane Version erhältlich. Köstliche selbst gemachte Limonaden vervollkommnen das Genusserlebnis. Die vietnamesische Gourmetwelt erobert gerade den Globus und wem es Freude macht, exotische Aromen auszuprobieren, der ist auch sonst offen für Neues und erlebt Veränderungen im Leben meist positiv. Natürlich ist nicht nur der Mittagstisch, sondern auch die Abendkarte empfehlenswert. Im Sommermodus, wenn in Potsdam das Leben auf den Straßen pulsiert, wirkt der romantische Außenbereich unter bunten Lichtern ganz besonders einladend. Im Grün der Linden und an lauen Abenden scheint Potsdam gleich noch quirliger und fast ein wenig tropisch.

● Le's Cyclo, Lindenstraße 4, 14467 Potsdam, Tel. (03 31) 88 73 12 77, www.lescyclo.de
● ÖPNV: Bus 692, 695, Haltestelle Mauerstraße

noidue
Aperitiv
Cyclos Delight
Belsazar Wermut
Tonic Water und
gepresstem
Digestif
Nép Mới
Vietnamesischer

Auf dem grünen Hügel

44 Der historische Garten der Villa Jacobs

Welch heiteres Bild: Gäste sitzen entspannt auf der Wiese oder auf Stühlen im Weinberg, genießen ihren Frühburgunder mit französischem Käse oder köstlichem Apfelkuchen und schauen in die sonnenglänzende Landschaft, in einem Garten, der ein einziger Pleasureground zu sein scheint. Wie durch ein Wunder ist er wiedererstanden. Gärten sind unablässig dabei, sich zu wandeln, aber kaum ein Garten hat sich im 20. Jahrhundert so stark verändert wie der Garten der Villa Jacobs. Die Wandlungen gingen weit über das hinaus, was von der Natur zu erwarten ist: Er wurde vergessen, vandalisiert, besetzt und zerstört. Die Turmvilla am Jungfernsee, die sich so harmonisch in die Landschaft fügt, wurde aus einem dramatischen Anlass 1981 dem Erdboden gleichgemacht. Das Villengelände war Teil der sowjetischen Geheimdienststadt, die sich zwischen Heiligensee und Jungfernsee bis zum Pfingstberg erstreckte und von den Potsdamern „Verbotene Stadt" genannt wurde. Weil ein flüchtiger Soldat der sowjetischen Streitkräfte sich in der Villa verschanzt hatte, wurde sie 1981 dem Erdboden gleichgemacht. Wer heute herkommt, kann sich kaum vorstellen, dass sich hier ein wüster, leerer Ort befand. Dem unermüdlichen und geradezu abenteuerlichen Engagement von Marianne und Stefan Ludes ist es zu verdanken, dass die Turmvilla wieder aufgebaut und der Garten nach Lennés Plänen neu angelegt wurde.

Man solle, so Lenné, immer schauen, wo die Platane steht. Er schätzte diesen Baum des Südens und pflanzte ihn gern an die Südseite des Wohnhauses. Die Platane verriet dann auch die Lage der Grundmauern der 1835 von Ludwig Persius entworfenen Villa. Die Geschichte des Parks, der Villa und ihres ursprünglichen Besitzers Ludwig Jacobs erzählt Marianne Ludes bei einer Gartenführung so anschaulich, dass man Gänsehaut bekommt. Inzwischen hat der Garten seine alten Wege wieder, der Weinberg und der Obstgarten mit Hunderten Apfel-, Birnen-, Kirsch- und Pflaumenbäumen sind wiedererstanden. Der Privatgarten ist ein Ort für Kunst und Literatur geworden und öffnet zu Literaturfesten und Gartenführungen für Besucher.

- Villa Jacobs, Bertiniweg 2, 14469 Potsdam, Tel. (03 31) 2 01 47 61
www.villajacobs.de
- ÖPNV: Bus 604, 609, 638, 697, Haltestelle Rote Kaserne/Nedlitzer Straße; Tram 96, Haltestelle Rote Kaserne

Park mit Großer Neugierde

45

Schlosspark Glienicke

Sie hieß Marie und war hier Prinzessin. Prinzessin Unsichtbar. Denn alles, was berichtet wird, handelt von ihrem Mann, dem Prinzen Carl, dem dritten Sohn von Friedrich Wilhelm III. Dem General und Kunstsammler mit Antikenleidenschaft, der Schloss Glienicke als Sommerresidenz bewohnte. Doch Marie war dabei, 50 Jahre lang. Ein Gemälde zeigt sie, schön und ruhig, cremefarben und braun gekleidet, mit einem braun-weißen, holländischen Kooikerhondje an ihrer Seite. Und sonst? Sie nahm mit Carl das Frühstück im venezianischen Klosterhof ein und besprach Neuzugänge in seiner Sammlung. Sie traf die Musikauswahl für die Abende mit Sonnenuntergang im Casino, beaufsichtigte die Kinder, die im Pleasureground spielten. Sie eilte zur Großen Neugierde, der Säulenrotunde an der Westseite, wo sie ihre Schwester Augusta erwartete, die häufig von Schloss Babelsberg herüberkam und bald deutsche Kaiserin werden sollte.

Schloss Glienicke, das Herrenhaus mit Pleasureground, wie es in kulturhistorischen Beschreibungen heißt, liegt wunderschön in der Landschaft. Es erfreut die Besucher mit einzigartigen Gestaltungselementen, die auf den Kunstsinn und die Antikenleidenschaft von Prinz Carl zurückgehen. Es besitzt ein Hofgärtnermuseum und diese bezaubernden Aussichtspavillons, die Kleine und die Große Neugierde. Neugier ist wahrlich eine glückliche Begabung. Und auch wir dürfen viel neugieriger sein, als es die Kunstführer erlauben, und zum Beispiel die Frage stellen: Aber wo waren die Damen? Was tat Frau Schinkel, während ihr Mann die Häuser der Prinzen optimierte? Wo hat Frau Lenné gewohnt, auch im Grünen Haus? Man benötigt einiges Spezialwissen, um auf Lebensspuren der Frauen zu stoßen. Sie lebten an der Seite ihrer berühmten Männer, haben sie inspiriert, unterstützt und aufgerichtet und waren oft keiner Erwähnung wert. Ob es wirklich nichts über sie zu berichten gab? Wir schauen an den Löwen vorbei zur Großen Neugierde und nehmen uns vor, neugierig zu sein. Auf die andere Hälfte der Menschheit.

- Schloss Glienicke, Königstraße 36, 14109 Berlin-Wannsee, Tel. (03 31) 9 69 42 00 www.spsg.de
- ÖPNV: Tram 93, Bus 316, Haltestelle Glienicker Brücke

Fährmann, hol über

46

Caputher Gemünde

Ein schmaler Landstreifen trennt den Templiner See im Osten vom Schwielowsee im Westen. Diese landschaftliche Besonderheit der Havel vermag immer wieder Erstaunen zu wecken. So viel Wasser auf der einen wie auf der anderen Seite und nur diese Engstelle dazwischen. Man kann das Gemünde auf einer kleinen Rundwanderung zwischen Seilfähre und Eisenbahnbrücke erkunden. Dafür lässt man das Auto auf dem Fährparkplatz auf der Geltower Seite stehen. Das Fährschiff heißt Tussy II. und nimmt Autos, Fahrräder und Fußgänger an Bord. Die Wimpel flattern, leichte Aufregung breitet sich aus, schnell ein Selfie, schon ist das andere Ufer erreicht. Das Leben am Gemünde hat auf kleinem Raum große Vielfalt zu bieten. Glücklich macht der Moment, wo sich das Wetter ändert, das Licht, die Farbe des Himmels, Wind und Schattenspiel, und das geschieht hier ziemlich oft. Bevor man vielleicht Caputh zu Fuß erkundet, legt man einen Stopp in der Eisbar Portofino am Ufer ein und beobachtet den lebhaften Wassersport- und Ausflugsverkehr am Templiner See. Dann gemächlich entlang der Uferpromenade Richtung Eisenbahnbrücke spazieren. Das Café Traumschaum lädt zu einer weiteren Pause ein. Wassersport, exakte Bewegungen der Kajakruderer, dazwischen Spaßboote, die enge Stelle ist dicht befahren, doch die Fischer haben um diese Zeit ihre Arbeit längst getan. Weiter Richtung Süden an der Brücke vorbei zur Aussichtsplattform. Plötzlich öffnet sich die Weite des Schwielowsees, der Kontrast könnte kaum größer sein. Über den Fußgängerweg an der Eisenbahnbrücke gelangt man hinüber auf die Geltower Seite. Direkt am Zipfel, der in den See hängt, liegt das Strandbad Caputh, das sich in den vergangenen Jahren zu einer Eventlocation entwickelt hat. Auf dem Uferweg geht es zurück zum Parkplatz an der Fähre in Geltow. Anfang Juni verströmen blühende Akazien ihren fruchtig-betörenden Duft, das macht Sommerlaune. Sie wurden einst in Preußen heimisch gemacht, um aus ihrem harten Holz Schiffsnägel zu fertigen.

TIPP

Von der Bar Seebrücke Caputh genießt man fantastische Sonnenuntergänge.

● Anleger Caputher Gemünde, 14548 Schwielowsee, Parkplatz an der Fähre in Geltow

Städtische Spielwiese

47 Der Neue Lustgarten in Potsdams City

Schau mal da, wieder ein Blumenkorb! Dort, eine Lilie! Ein Palmenwedel! Das Spiel heißt: Wir entdecken Blätter und Blumen aus Stein an Bauwerken und Fassaden. Kränze und Girlanden, Vasen und Körbe, Rosen und Akanthus – die Naturliebe der Potsdamer war durch alle Epochen architektonischer Gestaltungsschwerpunkt. Selbst in spartanischen DDR-Zeiten ließ man sich zu gekachelten Blumenbildern hinreißen. In Potsdams Mitte kehren Schmuckelemente der Vergangenheit allmählich zurück und lassen die historischen Zusammenhänge wieder durchscheinen. Neuestes Beispiel: die Ringerkolonnade. Sie deutet die Nordseite des alten Lustgartens an. Der um 1600 angelegte Garten schmückte einst das Stadtschloss und war die erste Grünanlage Potsdams. Das Stadtschloss ist als Landtag wiedererstanden, doch der Lustgarten bleibt Fragment, das geht nicht anders, denn es führen die wichtigsten Verkehrsadern hindurch. Er muss groß gewesen sein, erstreckte er sich doch bis zur Havel hinunter. Das Hotel Mercure, einst Potsdamer Interhotel, und die Schiffsanlegestelle befinden sich auf dem Gelände. Hier entstand zur BUGA 2001 der Neue Lustgarten und es gibt ganz viel zu entdecken. Das Neptunbecken zum Beispiel. Es konnte in Teilen aus Kriegstrümmern geborgen werden. Oder die lauschigen Heckengärten mit duftenden Rosenbeeten und die Spiel- und Liegewiesen, wo man sonnenbaden, Fußball und Basketball spielen, skaten und toben darf, was in den historischen Parks und Gärten eher nicht erwünscht ist. Wo heute Neptun wieder die Wogen glättet, befand sich bis 2001 ein Stadion. Mehrmals im Jahr verwandelt sich das geometrisch angelegte Karree an der Westseite in einen Festplatz, wo man vom Riesenrad aus keine schlechtere Aussicht hat als von den oberen Etagen des Hotels. Der Neue Lustgarten verbindet die historischen Epochen und Stadtkonzepte, den Nachbau des Stadtschlosses und den barocken Marstall mit dem Hier und Jetzt. Und es ist ganz okay, wenn das Glück hier manchmal ein wenig angestrengt wirkt.

- Neuer Lustgarten, Henning-von-Tresckow-Straße 13, 14467 Potsdam
- ÖPNV: Tram 91, 92, 93, 96, Bus 603, 604, 605, 609, 614, Haltestelle Alter Markt/Landtag

Grüner Tee im Grünen

48 Chinesisches Teehaus im Park Sanssouci

Jadegrün, Türkis und Gold: Wie hübsch die Farben mit dem Grün der Parkwiesen und den hell bekiesten Wegen harmonieren, erfreut immer wieder. Und wer das Teehaus im Park Sanssouci zum ersten Mal entdeckt, ist bezaubert von dieser Erscheinung. Als der Park entstand, ging die China-Mode in der höfischen Welt des Rokoko um. Fasziniert von märchenhaften Luxusgütern aus Ostasien wünschte man sich Räume in diesem Stil. Was tat es zur Sache, dass kaum ein Künstler China aus eigener Anschauung kannte? Exotisch und außergewöhnlich sollte es sein und die Fantasie anregen, wie auch der Tee, seinerzeit ein Luxusgetränk. Die Figurengruppen sind in Momenten des Teetrinkens versunken, begleitet von Einzelfiguren, die ein asiatisches Musikinstrument spielen und für die kultivierte Sinnlichkeit von Teegenuss stehen. Im 17. Jahrhundert konnte sich nur der Adel das Vergnügen leisten, grünen Tee aus China zu trinken. Der Tee hatte dann auch eine achtmonatige Schiffspassage hinter sich, aus den niederländischen Kolonien nach Antwerpen oder Amsterdam. Seine Kostbarkeit war ein Grund für die Überinszenierung des Teetrinkens: In den Schlossgärten entstanden Teepavillons, im Park von Sanssouci wurde es mit chinesischen Porzellanen betont. Vielleicht wurde an diesem Ort in Potsdam tatsächlich zum ersten Mal grüner Tee getrunken. Der Park im Hintergrund entfaltet heute mit den jahrhundertealten Bäumen einen ganz anderen Zauber. Die Buchen und Platanen wirken so malerisch, dass man denkt, die Gärtner von damals hätten genau für uns so gedacht und geplant. Die Wiesenlandschaft ist auch ein Biotop, im Frühjahr tauchen zarte Krokusse, Grasnelken, Wiesenschaumkraut, Skabiosen und Margeriten auf, bevor sich alles in ein wogendes Grasmeer verwandelt. Man sollte den Rasen nicht betreten, man kann nie wissen, was unter den Füßen schlummert und zeitweise unsichtbar, aber verletzlich ist.

- Park Sanssouci, Chinesisches Haus, Am Grünen Gitter, 14469 Potsdam
www.spsg.de
- ÖPNV: Bus 610, Tram 94, 98, Haltestelle Potsdam Charlottenhof Bahnhof/Geschwister Scholl-Straße

Prächtige Wiesensträuße

49 Von Hand in Werder (Havel)

Das Glück schwebt einem entgegen, federleicht und anmutig. Weiße Cosmeen auf zarten Stängeln, dahinter Dahlien und Zinnien in königlichem Rot, filigrane Gelenkblumen und Wiesengräser. In den Reihen für das Gemüse leuchten magentafarbene Mangoldstängel so intensiv, dass man sich schon beim Anblick aufs Essen freut. Auf Augenhöhe Tomatenspaliere mit Ochsenherz und Goldkönigin, Sorten, die sich für den Anbau im Freiland eignen. Dazwischen wachsen Basilikum und Oregano. Sonja und Jim Reifferscheid sind Blumengärtner mit einer Leitidee, die sofort überzeugt: Man wünscht sich eigentlich keine Pestizide im Wohnzimmer. Und wer heute von Flugscham redet, sollte sich bewusst machen, dass auch unsere langstieligen Rosen, Tulpen oder Gladiolen mit dem Flieger aus Kenia oder Ecuador herbeigeholt werden, wo sie unter Bedingungen gewachsen sind, die Menschen und Umwelt schaden. Werder ist als Obstanbaugebiet berühmt. Sonja und Jim erzeugen hier Blumen für Sträuße, die nicht nur schön sind, sondern auch regional, saisonal und nachhaltig. Behutsam darf heranwachsen, was als Blütenstrauß in die Wohnzimmer gelangt. Sonja und Jim setzen noch eins drauf, denn sie legen auf die handwerkliche Erzeugung Wert, auf das Gärtnern ohne Maschinen. Auf 1,5 Hektar Gartenland gedeihen Stauden, einjährige Schnittblumen und Gemüse, die von Hand gepflanzt, gesät, gepflegt und geerntet werden. Und wenn man ihren Blumenhof besucht, merkt man gleich, dass etwas anders ist: die Stille ringsum. Kein Kreischen von Maschinen, kein Gebläse- oder Motorenlärm wie sonst in vielen Gärten. Die handwerklichen Sträuße gibt es jeden Samstag von April bis Oktober am Blumenstand in der Nähe des Berliner Mexikoplatzes. Oder man holt sie nach telefonischer Vorbestellung am Blumenhof ab. Das von Hand gezogene Gemüse kommt in saisonalen Kisten direkt nach Hause, wenn man ein Abo dafür abschließt. Der Panoramaweg Werderobst führt ganz nah am Blumenhof vorbei.

TIPP

Auf dem Elisabeth-Hof an der Elisabethhöhe gibt es Eier, Obst und Gemüse im Automatenhofladen.

Von Hand, Sonja & Jim Reifferscheid, Bliesendorferstraße 55, 14542 Werder (Havel), Tel. (01 74) 7 04 46 44 oder (01 62) 4 31 83 34
www.vonhand.eu

Sanddorn im Sandland

50 Im Sanddorngarten Sandokan in Petzow

Trockenrasen, Dünen und Heide – die sandigen Böden in Brandenburg machen vielen Pflanzen das Leben schwer. Nicht so dem Sanddorn, der aus Zentralasien stammt und in Tibet und der Wüste Gobi mit noch ganz anderen Herausforderungen klarkommt. Buddhistische Mönche entdeckten seine Heilkraft. Als Carl von Linné die Systematik der Pflanzen erarbeitete, gab er dem Sanddorn den lateinischen Namen Hippophae rhamnoides, was so viel heißt wie „glänzende Pferde", weil Pferde bekanntermaßen vom Verzehr der Beeren ein schönes glänzendes Fell bekamen.

Sanddorn kann auch bei Menschen wahre Wunder vollbringen. Sanddornkernöl lässt Wunden schneller heilen. Das Öl aus dem Sanddornfruchtfleisch bietet natürlichen Sonnenschutz. Die Pflanze enthält mehr als 250 bioaktive Wirkstoffe, darunter solche, die vor schädlichen Umwelteinflüssen schützen, den Cholesterinspiegel senken können und dabei helfen, Fettablagerungen im Körper zu reduzieren. Die tollen Sanddornspezialitäten, Säfte, Öle und Gelees findet man im Hofladen des Sanddorngartens Sandokan. Dass der wunderbare Strauch in Brandenburg heimisch wurde, ist Züchtern und experimentierfreudigen Obstbauern rund um Werder zu verdanken. Bereits vor der Wende entwickelten sie ertragreiche Sorten und Technologien der Verarbeitung für die knallorangen Beeren. Der Sanddorngarten liegt zwischen Schwielowsee und Glindower See im malerischen Dorf Petzow, das dank seiner Seelage und den romantischen Ziegelbauten als eines der schönsten Dörfer in Potsdams Umgebung gilt. Der weitläufige Garten bietet Rast für Obstfreunde auf Genusstour und auch wer auf dem Panoramaweg Werderobst wandert, wird hier gern eine Pause einlegen. Besonders schön ist es im August, wenn die Sanddornbeeren reifen und leuchten wie die Gewänder der Mönche in Tibet. Orange ist die bevorzugte Farbe im Garten und in der Orangerie am Seeufer, dem hübschen Gartenlokal, kann man feine Gerichte probieren, mit Sanddorn oder ohne.

TIPP

Garten und Orangerie sind auch von Werder aus mit dem Boot erreichbar.

● Sanddorngarten Sandokan, Hofladen und Spezialitätenmarkt, Fercher Straße 60, 14542 Werder (Havel) OT Petzow, Tel. (0 33 27) 4 69 10, www.sandokan.de
● ÖPNV: Bus 607, Haltestelle Seering

Bänke und Aussichten

51 Inspiration im Park Sanssouci

Wer durch die historischen Gärten im Park Sanssouci spaziert, entdeckt Blüten, Blumen, malerische Bäume und findet dabei viele Augenblicke der Inspiration. Viel intensiver erlebt man Eindrücke, wenn man nicht fotografiert, sondern künstlerisch gestaltet. Dann setzt man sich auf eine Bank und überlässt sich dem Moment. Die Farbenpracht der Beete und Rabatten regt die Sinne an und vielleicht empfängt man gute Impulse. Sticken, Stricken, Quilten – hier im Park ist alles denkbar, was bunt und gemustert werden darf. Die Umgebung inspiriert geradezu zu textilkünstlerischer Arbeit. Man steckt Zeichenblock oder Skizzenbuch ein oder nimmt gleich das Projekt zum Arbeiten mit. Was kann es Schöneres geben, als sich von den gärtnerischen Höchstleistungen inspirieren zu lassen?

Über den Potsdamer Park der Superlative sind viele Zahlen bekannt. Er hat eine Fläche von 300 Hektar, 57 Kilometer Wege durchziehen ihn, vorbei an 1140 Skulpturen und 96 kleineren und größeren Bauwerken, 36 Fontänen sprudeln und 26.000 Bäume wollen gewässert werden, dazu sind pro Saison etwa 130.000 Sommerblumen zu setzen und in Kübeln gedeihen 1000 exotische Pflanzen. Aber wie viele Bänke es gibt, hat niemand gezählt. Es sind unzählige. Steinbänke, Flüsterbänke, Aussichtsbänke, Liebesbänke und die ganz einfachen, grünen. Überall kann man Platz nehmen, Tagträumen nachhängen, sich anregen lassen von Ornamenten, Strukturen, Botanik. Stricken, häkeln, malen, Bordüren entwerfen, die Aussicht bewundern. Apropos Aussicht. Korinthisch? Ionisch? Oder doch nicht so wichtig? Am Belvedere auf dem Klausberg gibt es nicht nur für Architekturbegeisterte viele Beispiele aus der Zeit des säulenverliebten Klassizismus. Nördlich der Maulbeerallee, am Rand des Welterbe-Parks trifft man selten auf Besuchergruppen und ist oft ganz allein. Die Potsdamer historischen Gärten sind bis zum Einbruch der Dunkelheit geöffnet. Wo könnte man den Sonnenuntergang besser genießen als hier?

TIPP

Das Drachenhaus am Klausberg ist der Ta-Ho-Pagode in Kanton nachgebildet und beherbergt ein nettes Restaurant.

- Park Sanssouci, Zur Historischen Mühle, 14469 Potsdam
- ÖPNV: Von den Haltestellen Schloss Sanssouci, Neues Palais, Schloss Charlottenhof und Luisenplatz-Nord/Park Sanssouci gelangt man zu Toren in den Park.

Fabelhafte Öko-Konzepte

52 fabis Bistro und Restaurant

Fabis Hütte und fabis to go sind noch ganz neue kulinarische Höhepunkte in der Potsdamer Innenstadt, doch das besondere Konzept hat sich bereits herumgesprochen. Ob entschleunigte Mittagspause unter den Linden der Charlottenstraße oder genussreicher Abend im Restaurant, die Umweltorientierung sorgt für zusätzliches Wohlbefinden, seien es der optimale Becher to go oder die durchdachte Lösung fürs Händewaschen. Die hauseigene Wasseraufbereitung bildet die Grundlage für prickelnde oder sanfte hausgemachte Limo, einfach köstlich. Hinzu kommen frische und temperierte Raumluft sowie ein Abfallkonzept, das konsequent auf Nachhaltigkeit und Recycling setzt, besonders im Take-away-Bereich. Inhaber Markus Thormeyer testete die Becher in einem eigenen Verfahren, bis er den optimalen fand, glasklar und formschön, praktisch unzerstörbar. Markus ist ein Tüftler, er lässt nicht locker, bis er Lösungen gefunden hat. Wenn er davon erzählt, wie die Raumtemperatur optimiert wird, wie familienfreundlich die Toiletten sind, wie durchdacht der Wärmetausch, freut man sich darauf, alles auszuprobieren. Und wundert sich, warum das nicht überall so ist: das Kinder-WC für die Kleinen neben dem für die Großen, an der Wand die ausklappbare Wickelkommode, sodass auch die Jüngsten gleich platziert und versorgt werden können.

Die Arbeitsbedingungen in der Küche, die nie über 25 Grad Celsius warm wird, sind angenehm. Und es sitzt sich hier so gut, dass man die Mittagspause auch gern auf den Rest des Tages und den Abend ausdehnt. Kühlung und Heizung sind durch ein Verbundsystem mit Wärmepumpe gekoppelt, sodass keine zusätzliche Energie nötig ist. Die Raumluft wird permanent über große Flächen getauscht, einströmende Luft nimmt man physisch gar nicht wahr. Ja, und das Essen? Das ist natürlich die Hauptsache und es ist großartig. Es wird mit Kompetenz und Leidenschaft frisch zubereitet. Auf den Tisch kommen feine Salate, köstliche Gemüsegerichte, auf Wunsch auch mit Fleisch oder Fisch, und am Abend lässt es sich ebenfalls genussvoll tafeln.

- fabis Hütte & to go, Dortustraße 52, 14467 Potsdam, Tel. (03 31) 23 53 53 48
  www.fabis-today.de
- ÖPNV: Tram 91, 94, 98, Bus 605, 614, 650, 692, 697, Haltestelle Dortustraße

frühstück &
Aperol Spritz
Fassbier
Weine
Prosecco
Lillet
Hugo
Gin

Theaterfest im Grünen

53 Heckentheater im Park Sanssouci

Vorn der Blick in die Bäume. Laubengänge aus Linden, gärtnerische Präzisionsarbeit. Die Bühne ein Rasenoval, Robinienpalisaden deuten den Orchestergraben an. Hecken, 2 Meter hoch und schräg in den Raum gestellt, als seien es Bücher, die durchgeblättert werden. Das Heckentheater am Neuen Palais ist das grünste aller Naturtheater. Es entstand zeitgleich mit der Gartenanlage um das Neue Palais im Jahr 1769. Hecken waren groß in Mode, Theater ein Vergnügen der Zeit. Und Friedrich der Große schätzte Musikdarbietungen, Maskeraden, Lust- und Trauerspiele. Im Frühjahr 2012 wurde das verloren geglaubte Gartenensemble anlässlich seines 300. Geburtstags saniert, und es konnten tatsächlich noch Pflanzen aus der Entstehungszeit in unser Jahrhundert hinübergerettet werden.

Seit 2016 spielt hier im Sommer ein kleines, feines Ensemble, das sich als Theater Poetenpack seit fast 25 Jahren in Potsdam einen Namen macht. Die freischaffenden Künstler bieten facettenreiches Stadttheater-Repertoire mit Shakespeare, Molière, Goldoni, Max Frisch, Lessing oder Woody Allen. Klassische Stücke, heutig gedacht, voller Spielfreude und ohne aufgesetzte Modernismen oder Klamauk, wie der künstlerische Leiter Andreas Hueck betont.

Und wie im Londoner Globe Theatre endet jede Aufführung mit einer Dankesgeste nach oben – Dank an den Techniker, Dank an den Himmel, Dank an den großen Shakespeare. Denn im Heckentheater kann es leicht geschehen, dass die Nachtigall just in dem Moment zu schlagen beginnt, wo es heißt „es war die Nachtigall und nicht die Lerche". Nicht, dass man es darauf anlegen würde, aber das seien die magischen Momente, sagt Hueck. „Die Natur spielt mit, und das ist einmalig." Theater im Grünen schafft eine unvergleichliche, lebendige Atmosphäre, weil man sich gemeinsam mit dem Publikum auf das Risiko Natur einlässt, auf das Naturerlebnis als magische Dreingabe, seien es der Mond, die Baumriesen im Hintergrund, die Vögel oder der Sturzregen.

- Theater Poetenpack im Heckentheater, Am Neuen Palais, 14469 Potsdam, Tel. (03 31) 9 79 12 91, www.theater-poetenpack.de
- ÖPNV: Bus 605, 697, X5, Haltestelle Campus, Universität/Lindenallee

Stoff mit grüner Seele

54 Lebendiges Museum Handweberei Geltow

Geltow liegt am Ostufer der Havel und besitzt eine besonders hübsche Kirche. Das Kirchendach ist mit bunt glasierten Ziegeln dekoriert, vielleicht ein Grund, weshalb sich Menschen mit Schönheitssinn von diesem Ort so angezogen fühlen. Schräg gegenüber der Kirche liegt die Handweberei, die für die Textilkünstlerin Henni Jaensch-Zeymer zum Lebensort wurde. 1932 zog sie mit ihren Webstühlen in den ehemaligen Tanzsaal und lebte und arbeitete hier bis ins hohe Alter. Ihre textilen Entwürfe sind vom Bauhaus inspiriert, doch immer sehr eigenständig. Die zeitlos klassischen Farbkombinationen wirken heute noch überraschend und elegant. Henni Jaensch-Zeymer entwarf nicht nur Muster für außergewöhnlich schöne Textilien, sondern sammelte alte mechanische Webstühle, auf denen sie ihre Entwürfe anfertigen konnte. Jeder Webstuhl hat einen einzigartigen Charakter; die ältesten sind mehr als 300 Jahre alt. Man kann dabei zuschauen, wie eine Weberin mit blitzschnellen Bewegungen der Hände und Füße die Mechanik des Webstuhls dirigiert und allmählich, Faden für Faden, ein Gewebe entstehen lässt. Weben ist eine der ältesten Handwerkskünste der Menschheit. Aus feinen Fäden entsteht eine Fläche, ein Stoff. Doch ehe das Weberschiffchen munter hin und her fliegen kann, ist einiges an Planung zu leisten. Geduld, Leidenschaft und Nachhaltigkeit: Fast 100 Jahre sind seit der Gründung der Handweberei ins Land gezogen. Die stille Havellandschaft, das Naturmaterial Leinen, alte Handwerkskunst und Sinn für Schönheit sind in Geltow eine glückliche Verbindung eingegangen. Es gelang, die historischen Webstühle, die Musterentwürfe, das Lebenswerk der Henni Jaensch-Zeymer durch das Auf und Ab der Zeiten zu bewahren. Heute führt eine ihrer Meisterschülerinnen, Ulla Schünemann, die Weberei. Im kleinen Laden nebenan kann man Textilkunst für zu Hause erwerben, Stücke, die mehr sind als Lifestyle: Zeichen für den sorgsamen Umgang mit der Welt.

TIPP

Für den perfekten Ausblick über die Havel lohnt sich die Einkehr im Baumgartenbrück, dem Traditionsgasthaus an der Havel.

● Handweberei Geltow, Am Wasser 19, 14548 Schwielowsee, Tel. (0 33 27) 5 52 72
www.handweberei-geltow.de
● ÖPNV: Bus 610, Haltestelle Geltow Friedhof

Königliches Gartenwasser

55 Wasserbecken und Aussichtsturm auf dem Ruinenberg

Die anderen hatten doch auch welche – die Hannoveraner, die Pariser sowieso, sogar die frostgeplagten Petersburger. Fontänen waren das Must-have in den Gärten der Regentenkollegen und Friedrich der Große wollte ihnen nicht nachstehen. Die spezielle Herausforderung: Ausreichend Wasserdruck erzeugen und das Wasser genau dort sprudeln lassen, wo er es sehen wollte – vor seiner Terrasse von Sanssouci. Und ja, ein Berg war da, wenn auch bloß 46 Meter hoch. Also wurde oben ein Wasserbecken für die Fontänen angelegt. Nur der Plan, das Wasser mit Mühlrädern hinaufzubefördern, funktionierte nicht. Am Ende resignierte der König. „Ich wollte in meinem Garten einen Springbrunnen anlegen, Euler berechnete die Leistung des Räderwerks, damit das Wasser in ein Bassin hinauf gelänge, um in Sanssouci aufzusteigen. Meine Mühle wurde nach allen Regeln der Mathematik gebaut und konnte keinen einzigen Wassertropfen unter das Bassin pumpen. Eitelkeit der Eitelkeiten! Eitelkeit der Mathematik!" Das schrieb Friedrich 1778 frustriert an seinen Freund Voltaire. Das Fontänenprojekt scheiterte zwar, doch der Ruinenberg ist trotzdem ganz hübsch geworden. Um den pragmatischen Zweck zu verschleiern, ließ Architekt Knobelsdorf ein Ruinenensemble um das Bassin errichten. Nun, das Wort Ruine hatte für die Menschen damals keinen fatalen Klang. Ruinen verband man mit der Antike, die gerade staunend wiederentdeckt wurde.

Der Normannische Turm entstand etwa 100 Jahre später auf Wunsch Friedrich Wilhelm IV. Er ist zu Sonderanlässen an wenigen Tagen im Jahr zugänglich. Wem es gelingt, zur richtigen Zeit dort zu sein, hat 128 Stufen höher eine unglaublich schöne Aussicht über Potsdams grüne Umgebung bis zur Pfaueninsel und zur Wilhelmshöhe bei Werder. In Richtung Osten erspäht man den Fernsehturm auf dem Alex und die Skyline vom Potsdamer Platz. Und, nun ja, auch noch einen anderen Ruinenberg – den Teufelsberg im Grunewald, aufgeschüttet aus den Steinen des kriegszerstörten Berlin.

TIPP

Sommerlaune: Vom Beckenrand aus lässt sich mit einem mitgebrachten Picknick der Sonnenuntergang genießen.

- Normannischer Turm auf dem Ruinenberg, 14469 Potsdam
- ÖPNV: Bus 695, Haltestelle Schloss Sanssouci; Bus 612, 692, 697, Haltestelle Ruinenbergstraße

Sommerhaus am See

56 Alexander Haus am Groß Glienicker See

Lange Sommer voller Rosenblüten, fröhliche Gäste am Gartentisch, das Ploppen der Tennisbälle auf dem Karree neben der Treppe und das Lachen badender Kinder – dieser Ort strahlt Leichtigkeit und Freude aus. Die Familie Alexander zählte zu den weltoffenen Berliner Juden, der Vater war ein erfolgreicher Arzt. Er pachtete das Grundstück am Groß Glienicker See im Norden von Berlin und ließ 1927 ein Sommerhaus bauen, ganz einfach, aus Holz, mit blauen Fensterläden und weißen Rauten. Elsie, die Tochter, erlebte hier eine unbeschwerte Zeit. Als die Nationalsozialisten an die Macht kamen, wurde die Familie aus Deutschland vertrieben. Andere Menschen wohnten im Haus und hinterließen ihre Spuren. Nach Krieg und deutscher Teilung lag das Haus an der Grenze zwischen Potsdam und Berlin, die längs durch den Groß Glienicker See verlief. Und als die Mauer gebaut wurde, führte sie am Ufer entlang, trennte das Haus vom See und ließ es der Vergessenheit anheimfallen. Es hat viel durchgemacht in diesen Jahren, der Garten wucherte zu und nach Leerstand und Verfall sollte es abgerissen werden. Der britische Autor Thomas Harding, Enkel von Elsie Alexander, hörte den Ruf des Hauses in allerletzter Minute. Mit seinen Recherchen regte er eine Bürgerinitiative an, das Haus konnte gerettet werden. Besucher können sich hier mit dem *genius loci* und mit klar recherchierten, historischen Fakten vertraut machen. Man blättert im Fotobuch, das Elsie ihren Eltern zur Silbernen Hochzeit gestaltete. Die gärtnerische Leidenschaft des Vaters, der Freundeskreis, das offene Haus, die Mutter, die Bowle ansetzt, das alles wirkt sehr nah. Ein Verein kümmert sich um Besucher. Man kann herkommen, auf der Terrasse sitzen, ein wenig den Bäumen beim Rauschen zuschauen, nachdenken. Sich den weißen Steg vorstellen. Die Seele erholt sich und atmet auf. Die Vergangenheit ist nicht vergangen, aber man hat seinen Frieden mit ihr gemacht. Die Rettung des Hauses ist ein Zeichen der Versöhnung.

- Alexander Haus e. V., Am Park 2, 14476 Potsdam, Tel. (01 70) 5 56 46 49
www.alexanderhaus.org
- ÖPNV: Bus 604, 638, Haltestelle Am Park

Belastbarer Grund

57 Nuthepark und Nutheuferweg

Der kleine Fluss Nuthe mündet gegenüber der Freundschaftsinsel in die Havel. Genau dort beginnt der Nuthepark, ein Grünzug entlang des Flusses Nuthe, der immer ein wenig zur Versumpfung und Verkrautung neigt, aber gerade deshalb auch besonders, wild und ursprünglich wirkt. Der wunderschöne Parkweg, der vor über 20 Jahren auf verwahrlosten Gewerbebrachen entstand, führt am Wasser entlang bis zum Park Babelsberg. Man kann auch entlang der Nuthe weiterspazieren und immer mal wieder die verwunschene Uferlandschaft bewundern, von Zeit zu Zeit fliegen Vögel auf oder eine Ringelnatter schlängelt sich im Fluss. Die Feuchtwiesenbiotope bieten Lebensraum für Frösche und Molche, für die Anwohner entstanden ambitionierte Freizeiteinrichtungen, eine Waldbühne, ein Waldspielplatz und die Meditationswiese für Kreativität im Freien.

Im 18. Jahrhundert wurde die Gegend im Südosten der Havel gemieden, sie galt als heimtückisch, Morast und Faulschlamm bildeten unsicheren Boden. Die Bauern erzählten Gruselgeschichten von Weidevieh, das durch die dünne Grasnarbe in den Schlamm einbrach. Um die Nutheaue zu überqueren, wurden Dämme angelegt. Die heutige Friedrich-Engels-Straße geht auf den einstigen Hakendamm zurück. In der DDR-Zeit entstand hier das große Neubaugebiet Am Schlaatz. Es bietet Wohnraum für 10.000 Menschen; der Untergrund musste mit Kies und Sand aufgeschüttet werden, ein rigoroser Eingriff ins Biotop der Nutheaue. Seither wurde viel getan, um das Umfeld zu verbessern, für die Bewohner, aber besonders auch für die Nuthe. Das Neubaugebiet hat sich im Verborgenen zu einem liebevoll gepflegten, grünen Ort entwickelt. Viele besondere Plätze laden zum Mitmachen ein, darunter Gemeinschaftsgärten und Spielplätze am Ufer. Rings um die Wohnblocks sind kleine Gärten entstanden, wo die Hausgemeinschaft Gemüse zur Selbstversorgung zieht. Auch Am Schlaatz lässt sich die Nutheaue noch ursprünglich erleben. Sie lädt ein zu kleinen Fluchten aus dem Alltag und Abenteuern mitten in der Stadt.

- Nuthepark, Babelsbergerstraße, 14473 Potsdam
- ÖPNV: vom Potsdamer Hauptbahnhof, Ausgang Babelsberger Straße, zu Fuß entlang der Nuthe und von der Tramhaltestelle Bisamkiez zurück in die City

Zauber der Apfelgöttin

58 Ein Tempel auf dem Pfingstberg

Geht man vom Belvedere auf dem Pfingstberg südlich herab, steht man bald auf einer sonnigen Lichtung vor einem kleinen Tempel. Er wirkt so selbstverständlich in seinem Pastellgelb, Altweiß und Korallenrot, dass man sich über Nymphen und Faune gleich hier auf der Lichtung nicht wundern würde. Dabei ist er bloß ein Gartenhaus. Den Tempelpavillon entwarf Karl Friedrich Schinkel, damals knapp 20 Jahre alt und verliebt in die Antike. Mit seiner Begeisterung befeuerte er die Architekturmode seiner Zeit. Am Pfingstberg wurde Obst angebaut und den Pavillon Pomona, der römischen Göttin der Gartenfrüchte, zu widmen, war eine passende Idee. Pomona galt als achtsame Gärtnerin. Männer durften ihren Garten nicht betreten, um sie nicht von ihrer Arbeit abzulenken. Vielleicht beschützt ja ihre Magie all die vielen Apfelbäume in Potsdam und Umgebung? Als 1847 mit dem Bau des Belvederes auf dem Pfingstberg begonnen wurde, stand der Schinkelbau im Weg und sollte abgerissen werden. Doch der König starb, ehe er seine Pläne ausführen konnte, und sein Nachfolger Wilhelm I. reduzierte den Aufwand für das Aussichtsschloss. Peter Joseph Lenné, mit der Gestaltung der Anlage betraut, bezog den Pomonatempel in sein Gartenkunstwerk ein und schuf geordnete Verhältnisse: Ein grüner Laubengang verbindet Pavillon und Belvedere. Unterhalb des Pfingstbergs schließt sich der Apfelgarten der Kolonie Alexandrowka an.

Im 20. Jahrhundert lief es nicht gut für die Apfelgöttin. Mit Kriegsbeginn diente der Tempel als Pausenraum für die Mannschaft der Flugabwehr. Nach dem Krieg wurde er, wie der gesamte Pfingstberg, verbotenes Terrain, Teil der Garnison der sowjetischen Streitkräfte und des Geheimdienstes. Er verfiel allmählich. Welch Glück, dass er 1992 saniert werden konnte. Heute kümmert sich der Förderverein Pfingstberg e. V. um das kleine Kuriosum. Man kann es für Feiern mieten, für Spaziergänger ist der Tempel ein Aussichtspunkt, um zu rasten und ein mitgebrachtes Picknick zu verzehren, vielleicht Äpfel?

- Pomonatempel auf dem Pfingstberg, Am Pfingstberg, 14469 Potsdam, Tel. (03 31) 20 05 79 30, www.pfingstberg.de
- ÖPNV: Bus 603, Haltestelle Persiusstraße; Bus 604, 609, 638, 697, Haltestelle Am Pfingstberg

Teezeit mit Zen-Faktor

59 Japanischer Bonsaigarten Mittelbusch

Der Weg zu großer Gelassenheit führt an den Schwielowsee, genauer gesagt in das Teehaus des japanischen Bonsaigartens in Mittelbusch am Westufer. Aus jahrzehntelanger Begeisterung für japanische Kultur ist ein geradezu sensationeller Ort entstanden, der Wohlbefinden, Ästhetik und botanische Leidenschaft verbindet. Hier erlebt man philosophische Prinzipien der Gartengestaltung mit allen Sinnen: Der Kirsch- und Hortensiengarten, die Berge im Wolkenmeergarten, der Trockene-See-Garten, der Zengarten und der Teichgarten sind nur einige Bereiche des großen Areals. Mittelpunkt ist das Teehaus. Die Teezeremonie sollte man unbedingt erleben. Die von Kennern zusammengestellten Teesorten und die feinen Gebäckstücke sorgen für Wohlbefinden, während man sich Zeit nimmt, in den Garten zu schauen. Bald fühlt man sich ganz leicht, beschwingt und entspannt.

Der Garten ordnet die Elemente des Lebens – Endlichkeit und Unendlichkeit, Werden und Vergehen. Die exakten Kreise, mit dem Holzrechen um Steine gezogen, ohne dass ein Ansatz zu sehen ist, stehen für diese Ordnung ebenso wie der glitzernde Kies, der täglich gesäubert wird, und die uralten Bäume, die dank Bonsai mit wenig Platz auskommen. Bald fühlt man sich auf unerklärliche Weise getröstet: Wenn die Welt im Kleinen so perfekt sein kann, dann ist sie es im Großen bestimmt auch. Und der Tee entfaltet seine Wirkung. Ein leichter psychedelischer Rausch dringt von außen nach innen.

Im Oktober leuchten die gefiederten Ahornblätter so kräftig, wie man es Pflanzen nie zutrauen würde. Im Juni zeigt sich die zauberhafte Fähigkeit der Satsuki-Azaleen, mehrfarbige Blüten hervorzubringen. Bonsaizüchten ist die meditative Begegnung mit der Natur, die den Alterungsprozess der Bäume verzögert und ihnen ein langes Leben verleiht. Nachhaltigkeit, Präzision und Schönheit dieses Orts inspirieren. Und wer hätte gedacht, dass die märkischen Kiefern die japanischen Assoziationen so gut ergänzen?

TIPP

Beim Laternenfest im Oktober präsentiert sich der Garten in besonderem Licht.

● Japanischer Bonsaigarten, Fercher Straße 61 (Mittelbusch), 14548 Schwielowsee OT Ferch, Tel. (03 32 09) 7 21 61, www.bonsai-haus.de
● ÖPNV: Bus 607, Haltestelle Ferch, Mittelbusch

Hinsetzen und loslesen

60 Im Garten der Villa Quandt am Pfingstberg

Die Villa Quandt liegt ein wenig entrückt zwischen Neuem Garten und Pfingstberg, am Fuß einer Streuobstwiese, rechts und links von ausgedehnten Wiesen umgeben. Im 20. Jahrhundert Teil der sowjetischen Militärverwaltung und fast verloren geglaubt, beherbergt sie seit ihrer sorgfältigen Sanierung das Theodor-Fontane-Archiv. Fontane begegnet uns in Potsdam und der Mark Brandenburg buchstäblich auf Schritt und Tritt, und kaum jemand hat Landschaft und Lesen auf so empathische Weise zusammengebracht. Der Literatur schenkte er den Familienroman mit berührenden Frauengestalten und den liebevoll beschriebenen Dörfern, die er auf seinen Wanderungen durchstreifte. Die Freude, Theodor Fontane auf Wanderungen durch die Mark Brandenburg zu lesen, wird noch größer, wenn man im Umfeld der Villa liest, einem Ort, der alles bewahrt, was der Schriftsteller hinterlassen hat: seine Manuskripte, Briefe und alle Ausgaben seiner Werke. Das schafft eine Aura der Inspiration, nicht nur für Forscher. Es ist ein Glücksgefühl, sich auf eine grüne Bank im Mirbachwäldchen zu setzen, dem schattigen, stillen Park zwischen Pfingstberg und Neuem Garten, den Blick schweifen zu lassen und loszulesen: Schöner kann es kaum sein. Effi Briest auf ihrer Schaukel im Garten, der brummige Stechlin an seinem See, der gern drastische Meinungen hört – das Gelesene verschmilzt hier mit den Eindrücken des Moments. Fontane war ein Meister bewusster Wahrnehmung. In seinen Romanen gestaltet er aus Landschaft, Garten und Schicksalen Sehnsuchtsorte, die lebendig werden, obwohl sie fiktional sind. Die Villa Quandt beherbergt auch das Brandenburgische Literaturbüro, einen Verein, der die Literatur im Land Brandenburg unterstützt. In Kooperation mit Verlagen, Bibliotheken oder Theatern organisiert er Lesungen und Ausstellungen, die die regionale Literaturszene bekannt machen, und lädt zu Veranstaltungen in die schöne Villa im Grünen ein.

● Villa Quandt, Fontane-Archiv und Brandenburgisches Literaturbüro, Große Weinmeisterstraße 46–47, 14469 Potsdam, Tel. (03 31) 28 04 10
www.literaturlandschaft.de
● ÖPNV: Bus 603, Haltestelle Persiusstraße

Blumen und Vasen

61 Das Stibadium im Botanischen Garten

Begegnungen mit Kunst und Kunstgeschichte im Park von Sanssouci erinnern uns immer wieder daran, dass ein Garten von Sehnsucht nach dem Paradies erzählt. Und ja, auch ein König kann sich nach dem Paradies sehnen, zumal ein so romantischer wie Friedrich Wilhelm IV., der Butt. Er richtete sich und seiner Familie ein Paradies im Paradies ein: Nördlich der Maulbeerallee nahe dem Orangerieschloss steht das bezaubernde Tempelchen, das Ludwig Persius 1841 entwarf, das Stibadium, Mittelpunkt des Paradiesgärtchens, das sich der König erträumte. Zum Atrium mit Pergolen gehört auch ein Wasserbecken, das Regenwasser auffängt, und eine Marmorkaskade: Des Königs „Paradeisgärtl" sollte ein Muster an Vollkommenheit sein. Das entsprach seiner Begeisterung für Italien, und auch einer Vorliebe für intime, kleine Räume, die uns heute angesichts riesiger Prestigebauten auf besondere Weise berühren. Die königliche Familie kam also ins „Paradeisgärtl". Man klappte die Liegestühle auf, lauschte dem Plätschern des Wassers, trank Tee, schaute ins Grüne und entspannte sich. Nichts hindert uns daran, es heute genauso zu tun. Nur den Tee müssen wir selbst mitbringen.

Heute gehört der Paradiesgarten mit dem Stibadium zum Botanischen Garten der Universität Potsdam. Man kann hier viel über Pflanzenordnungen lernen, muss es aber nicht. Im Mai blühen Azaleen und Rhododendren, im Herbst leuchtet der Schmuckwein, und immer bilden die dunklen Nadelbäume östlich der Kaskade den perfekten Hintergrund für das Bunt der Blüten. Das Stibadium spiegelt sich in der ruhigen Wasseroberfläche. Selten gelangen viele Besucher in diesen Teil des Parks. Und dann fällt der Blick doch noch auf die Vasen im Dachfries. Vierzig farbige Glasvasen haben ihren Platz in den Öffnungen unter dem Dach gefunden und brechen das einfallende Licht. Es ist ein so intensives Spiel von Licht, Farben und Transparenz, von Außen- und Innenwelt, dass man die Vorstellung vom Paradies kein bisschen für übertrieben hält.

● Stibadium, Botanischer Garten der Universität Potsdam, Maulbeerallee 2, 14469 Potsdam, www.uni-potsdam.de/botanischer-garten
● ÖPNV: Bus 695, Haltestelle Orangerie

Naschen und sich wohlfühlen

62

Das vegane Café Rosenberg

Zitronenraspeln, Rosenblätter und vollmundige Schokolade: Die Kuchen und Torten im Café Rosenberg sehen nicht nur bezaubernd aus, sondern sind in jeder Hinsicht vollkommen, auch wenn die Zutat Kuhmilch fehlt. Das Café in der belebten Dortustraße ist das einzige der Stadt, das komplett vegan aufgestellt ist. Also kein Honig, keine Kuhmilch, keine Eier. Und alles wird ganz frisch zubereitet. Das süße Backwerk aus eigener Herstellung ist inzwischen stadtbekannt und samstags hat das Café einen Stand auf dem Wochenmarkt am Nauener Tor. Experimentelles wie Choc-Bar-Torte und wagemutige Kreationen wie die Pitaya-Mohntorte findet man neben Altbekanntem wie Apfelstreusel oder Karottenkuchen. Außergewöhnlich sind die Bowls mit exotischen Früchten und das Paleo-Müsli mit Obst und Kokosmilch, das muss man einfach mal probieren. Natürlich fehlen auch Kaffeespezialitäten nicht. Es gibt sie mit Hafer- oder Nussmilch, alles ganz liebevoll angerichtet und serviert.

TIPP

Das Café Rosenberg bietet auch veganes Catering an.

Für Katharina Rosenberg-Ehrl, die das Café seit 2017 betreibt, ist Wohlfühlen das Allerwichtigste. Bevor sie sich selbstständig machte, sammelte sie zehn Jahre Gastronomie-Erfahrung. Dabei begeisterte sie sich immer mehr für den Wohlfühlaspekt veganer Ernährung. Es geht um den Genuss, auch das süße Leben mag sich gern klar und leicht anfühlen und nicht im Bauch zwicken. Im Café Rosenberg erlebt man, wie ansprechend, schmackhaft und vielseitig vegane Küche sein kann. Es gibt tolle Frühstücksangebote, mittags Bowls, Pasta und Suppen und den ganzen Tag Caféhausspeisen für den kleinen Hunger, belegte Brote mit selbst gemachten Aufstrichen, Salate … Und es ist gemütlich hier, Wände aus rotem Backstein und Sitzmöbel in Preußischblau passen super zu Potsdam, die offene Küche vermittelt Transparenz. Nach dem Bummel durch die Stadtmitte entspannen sich hier Potsdamer und Gäste und genießen eine Kleinigkeit. Glück ist auch, wenn man die Gelegenheit nicht versäumt, etwas Neues zu probieren.

- Café Rosenberg, Dortustraße 15, 14467 Potsdam, Tel. (0 15 11) 6 05 06 00 neu.rosenberg-potsdam.de
- ÖPNV: Tram 91, 94, 98, Bus 605, 614, 650, 692, 697, Haltestelle Dortustraße

Die Paradiese der anderen

63 Gartenfreuden mit der URANIA Potsdam

Wer immer in Potsdam nach einem Gartengeheimtipp gefragt wird, verweist auf die URANIA. Die traditionelle Bildungs- und Wissenschaftsgesellschaft hat ihren Sitz in einem schön restaurierten Barockhaus im Holländischen Viertel. Ihr Bildungsanspruch ist allgemein und ihr Programm weit gefächert, doch widmet sie Gartenaspekten ganz besonders große Leidenschaft. Dabei geht es weniger um die praktischen Seiten des Gartenbaus, etwa wann was im Garten zu tun ist, sondern eher um die Bewunderung von Gärten. Wie vielseitig, unterschiedlich und wunderschön Gärten sein können, welches Glück sie bringen, zeigt das Format „Offene Gärten", das zu Entdeckungen in mehr als 100 Gärten im ganzen Land Brandenburg einlädt. Die Highlights der teilnehmenden Gärten und alle Infos sind in einer Broschüre zusammengefasst, die allein beim Durchblättern glücklich macht. Da gibt es kleine und weitläufige, streng auf wenige Arten spezialisierte und überbordende, formale oder naturnahe Gärten. Die Vielfalt ist grenzenlos, das verbindende Element ist die Leidenschaft, mit der die Gärten von ihren Besitzern betreut werden. Und die sind stolz auf die Anerkennung, die sie erfahren. Es gibt Wochenenden im Mai und Juni, wo man von Garten zu Garten hüpfend das halbe Land entdecken kann. Oder man schaut sich jedes Jahr zwei, drei Gärten ausgiebig an und lässt sich Zeit. Eine andere Art der Gartenbegegnung verspricht die Reihe „Im Garten vorgelesen". Einige besonders stimmungsvolle Privatgärten in Potsdam öffnen im Sommer ihre Türen für ein literaturbegeistertes Publikum. Dann wird der Garten zur Bühne und zum blühenden Rahmen für literarisch-musikalische Programme. Vor Beginn der Lesung darf man umherflanieren und sich in andere Welten träumen. Die Reihe ist sehr begehrt, man sollte sich frühzeitig anmelden. Und wer sich dafür interessiert, wie Gärten die internationale Kunst- und Kulturgeschichte geprägt haben, findet bei den Gartenreisen der URANIA Gleichgesinnte und Anregungen.

● URANIA „Wilhelm Foerster" Potsdam e. V., Gutenbergstraße 72, 14467 Potsdam, Tel. (03 31) 29 17 41, www.urania-potsdam.de

● ÖPNV: Bus 603, 692, Haltestelle Bassinplatz

Balance halten

64 Den Griebnitzsee vom See aus entdecken

Wer mit dem Zug am Bahnhof Griebnitzsee ankommt, begegnet im Sommer ganz besonderen Glücksboten: den Schwalben, die durch die hohe Bahnhofshalle flitzen. Wo Schwalben nisten, wohnt das Glück, heißt es, und im Bahnhof brüten etwa 30 der schwarz-weißen Superflieger. NABU und Deutsche Bahn kümmern sich darum, dass es den Schwalben gut geht und die Bahnhofstür offenbleibt. Vom Bahnhof sind es wenige Schritte bis zum Griebnitzsee. An seinem Ufer wohnte einst die Filmprominenz. Die UFA-Studios und Kaiser Wilhelms Sommerschloss Babelsberg lagen ganz in der Nähe. Heute gehören die beeindruckenden Villen in bester Lage Investmentfonds, Lobbyverbänden und Parteistiftungen oder prominenten Potsdamern. Im Sommer 1945 wohnten die Teilnehmer der Potsdamer Konferenz am Griebnitzsee. In der Villa Herpich zum Beispiel, die der Architekt Grenander entwarf. Sie ist auch als Stalin-Villa bekannt und wurde später Teil der Filmhochschule Babelsberg, deren Rektor Lothar Bisky hier sein Büro hatte. Heute residiert hier der Verband der Bauindustrie. Die Truman-Villa ist Sitz der Friedrich-Naumann-Stiftung und in der Churchill-Villa, einem Mies-van-der-Rohe-Bau, wohnt heute Hasso Plattner, der Gründer von SAP. 30 Jahre lang versperrte die Mauer jegliche Aussicht auf den See und nach Westberlin. Nach dem Mauerfall war der Streifen der ehemaligen Grenzanlagen als öffentlicher Uferweg vorgesehen, was einige Anlieger bisher verhindert haben. Frei zugänglich ist das Ufer jedoch gleich unterhalb des Bahnhofs an der Anlegestelle. Wer gut Balance halten kann, bucht sich ein Kanu oder ein SUP-Board und schaut sich das Ufer vom Wasser aus an. Kanus und SUP-Boards gibt es im Bahnhof, bei Potsdam per Pedales. Zwei Routen sind von dort zu empfehlen: Die längere führt in den Wannsee, die kürzere zur Glienicker Brücke. An warmen Tagen und für Wochenenden unbedingt vorreservieren.

TIPP

Spannend sind die kulturhistorischen Spaziergänge mit dem Verein Griebnitzsee für alle e.V.: www.griebnitzseeufer.de

- Potsdam per Pedales, S-Bahnhof Griebnitzsee, Karl-Marx-Straße 18, 14482 Potsdam, Tel. (03 31) 7 48 00 57, www.potsdam-per-pedales.de
- ÖPNV: S-Bahn, Regionalzüge oder Bus 616, 694, 696 zum Bahnhof Griebnitzsee

Feldflur und Marktgarten

65 Wilmars Gärten in Märkisch Wilmersdorf

Fährt man nach Märkisch Wilmersdorf, ein Dorf südlich von Potsdam, gelangt man in eine malerische Landschaft. Es ist ein Glücksort von besonderem Ausmaß und Schaufenster für eine neue Art des Ackerbaus, dank der Wilmars Gärten GmbH. Alte Alleen und junge Pappeln, die wie grüne Wände dem Wind trotzen, dazwischen liebliche Streuobstwiesen: Maria Giménez und ihr Team bestellen das Land um den Gutspark von Märkisch Wilmersdorf nach den Grundsätzen Regenerativer Landwirtschaft. Der wichtigste: Der Natur nicht mehr zu entnehmen, als man ihr zurückgibt. Um den Park herum liegen Fluren für Agroforst: Bäume werden auf Ackerland gepflanzt, weil das den Mutterboden schützt und für den Klimawandel ertüchtigt. Auf den Streuobstwiesen weiden auch Rinder, Hühner gackern vergnügt, ein Hahn kräht – Geräusche, die auf dem Land sonst kaum noch zu hören sind. Maria nutzt neueste wissenschaftliche Erkenntnisse, die in Spanien und Frankreich bereits geläufig sind. Der Boden wird nicht gepflügt. Das schont seine wertvolle Oberschicht. Die Aussaat erfolgt durch akkurate Schlitze, alles gedeiht ohne Zufuhr von Chemie, und es gedeiht prächtig. Das sieht man auch in Marias Marktgärten, wo Gemüse in reiner Handarbeit gezogen wird. Kräftig leuchtet das Möhrengrün, Bohnen ranken sich in die Höhe, zarter Fenchel wird von Schwalbenschwanz umtanzt. „Die Blütenpflanzen sind alle essbar“, lacht Maria und pflückt sich ein Mützchen von der Kapuzinerkresse. „Wunderbares Senfaroma, schön scharf.“ Maria beliefert Wochenmärkte und Sterneköche, doch vor allem zeigt sie, dass eine menschlich dimensionierte Landwirtschaft möglich ist. Und notwendig.

Wer gärtnert, glaubt an die Zukunft und daran, Dinge ändern zu können. Maria ist überzeugt davon, dass sich alle Probleme der modernen Welt durch Änderungen in der Landwirtschaft lösen lassen. Sie will diese Zukunft ein wenig sichtbar machen. Und natürlich absolut schmackhafte, gute Lebensmittel erzeugen, deren Genuss glücklich macht.

● Wilmars Gärten GmbH, 14959 Trebbin OT Märkisch Wilmersdorf, Alte Parkstraße 2 b, www.wilmarsgaerten.com, Besuch bei Anlässen und nach Absprache

● ÖPNV: Bus 705, Haltestelle Märkisch Wilmersdorf, Dorfstraße

Jurten und Baumhäuser

66 Das Nomadenland im Remisenpark

Ungewöhnlich sieht es hier aus, so archaisch, dass man einen Moment lang denkt, die Welt gewechselt zu haben. Hellgraue, kunstvoll geschnürte Filzkuppeln stehen im Kreis, umgeben von Hochbeeten mit Gemüse und Kräutern. Die Kuppeln sind echte Jurten aus Kirgistan, in traditioneller Bauweise aufgestellt, mobile Häuser der Reiternomaden. Das Symbol über dem Eingang ist das Zeichen für Glück. Wär das nicht was, mal Nomade sein? Wer schon immer wissen wollte, wie es sich in einer Jurte wohnt, kann vorbeikommen. Hier werden Märchen erzählt, man kann in den Jurten übernachten und Events oder Kindergeburtstage feiern. Weitgehend emissionsfrei, ökologisch sinnvoll und eins mit der Natur ist das Leben in den Jurten und man denkt unwillkürlich über alternative Wohnkonzepte nach. Oder man träumt sich einfach weg, in die Weite der Steppe.

Der Remisenpark liegt im nördlichen Teil des Volksparkareals. Weiter nach Norden schließt sich der Campus Jungfernsee an. Von Süden her kommt man über die Wälle des Bornstedter Felds. Remisen, so nannte Lenné, der einst mit dem Projekt Landschaftsverschönerung an der Bornimer Feldflur betraut war, lockere Baumgruppen, schattige Unterstände für das Weidevieh. Heute grast eine lustige kleine Ziegenherde auf einem abgegrenzten Areal. Der Remisenpark ist der am naturnahsten wirkende Teil des Volksparks – Eichenwald, Lichtungen mit Wildblumen, eine Streuobstwiese mit alten Obstsorten und immer wieder Mitmachgelegenheiten und Ideen zum Natur- und Landschaftsschutz, die Kids Spaß machen. Der Naturerlebnispfad leitet von einer Station zur nächsten, Mittelpunkt ist der Spielplatz „Zick zack in die Wipfel“ mit Spiel- und Klettergeräten aus Holz. Ein Baumhaus schwebt im Geäst, ziemlich hoch, aber bequem und sicher zugänglich. Bei Kindern, die gern auf Bäume klettern, wird sofort der Abenteuerinstinkt geweckt. Und wer es etwas weniger naturnah mag, übt seine Zielgenauigkeit beim Discgolfparcours, der am Eingang zum Remisenpark beginnt.

● Kletterspielplatz im Volkspark und Nomadenland, Georg-Hermann-Allee, Eingang Viereckremise/Minigolf, 14469 Potsdam, Tel. (01 76) 30 00 51 51
www.nomadenland.de
● ÖPNV: Tram 96, Haltestelle Viereckremise

Geborgenheit im Grünen

67 Der Bornstedter Friedhof

Es ist angenehm kühl hier, sehr ruhig und romantisch, und auch ein ganz klein wenig preußisch. Linden fehlen nicht, Efeu, Gehölze mit zarten Blüten, Holunder, Farn und Wiesenblumen. Pompöse Gräber sucht man vergebens. Hier liegen Persönlichkeiten, die Verdienste erwarben für Potsdam und Sanssouci, königliche Hofgärtner, Kunsthistoriker, Landschaftsmaler, Menschen, die im Leben zufrieden und im Tod einfach sein konnten. Alles wirkt auf glückliche Weise verbunden: Die Ehre, das Gärtnern, die Kunst. Die Ewigkeit. Der Bornstedter Friedhof scheint ein Garten der Gärtner zu sein, unmittelbar an der Bornstedter Dorfkirche, gegenüber vom Krongut und in der Nähe vom Park Sanssouci.

Peter Joseph Lenné wurde hier beigesetzt. Sein Grab ist mit einem hellen Steinkreuz geschmückt. Ludwig Persius und sein Sohn Reinhold Persius liegen hier. Und die Sellos, Hofgärtner seit Generationen, verschwägert mit den Fintelmanns, den Nietners. Für Gartenhistoriker ist der Friedhof ein Who's who der Gartenkunst, für alle anderen ein idyllischer Ort. Wer neugierig ist, schaut sich die kunstvoll gestalteten, doch eher bescheidenen Grabsteine an: Klinker statt Marmor, Feldstein statt Schmiedeeisen und ein wenig goldener Lorbeer. Hier und da ein Engel. Oder eine Flora, Göttin der Blüte und des Frühlings. Eine Schmuckvase, ein Blumenkorb. Gärtnerinsignien. Das Dorf Bornstedt entstand im 12. Jahrhundert. Im 17. Jahrhundert erwarb es der Große Kurfürst, um es seinem Gesamtkunstwerk der „Herrschaft Potsdam" einzugliedern. Zunächst war es königliches Jagdgebiet, dann wurde das Land zum Hopfenanbau genutzt. Später entstand das Krongut im italienischen Landhausstil. Kronprinz Friedrich Wilhelm und seine englische Gattin Victoria verwandelten es in ein Mustergut mit Hühnern, Schafen und Milchwirtschaft. Später zog Prinzessin Feodora hier ein und umgab sich mit Künstlern. Die Kultur des Sterbens, des Trauerns und des Gedenkens ist immer ganz nah am Leben. Und kaum irgendwo lässt sich so unbändig das Glück spüren, lebendig zu sein, wie hier. Bei den Gärtnern.

TIPP

Am Krongut Bornstedt in der Hofbäckerei gegenüber frische Schrippen mitnehmen.

● Bornstedter Friedhof, Ribbeckstraße 40, 14469 Potsdam, Tel. (03 31) 52 05 68

● ÖPNV: Bus 614, 650, Haltestelle Ribbeckstraße

Kostbare Kübelpflanzen

68 Das Orangerieschloss

Erblickt man das Orangerieschloss mit seinen Terrassen, Balustraden, Türmen und Säulengängen von Weitem, fühlt man sich gleich in ganz andere Gegenden versetzt. Man sieht sich auf Capri, in der Toskana oder im Golf von Neapel, nur branden unten nicht die Wellen des Mittelmeers, sondern die Brandenburgischen Wiesen. Die Architekten des Orangerieschlosses haben sich ganz unmittelbar an italienische Vorbilder gehalten, allen voran König Friedrich Wilhelm IV., der die lang gestreckte Gliederung selbst entworfen hat. Seine Italiensehnsucht prägte die späten Bauten im Park Sanssouci und in ganz Potsdam. Die drei Terrassenebenen, nach Süden ausgerichtet, sind reich bepflanzt und mit antiken Figuren und mediterranen Gewächsen dekoriert. Kübelpflanzen galten als Statussymbol und Zitrusgewächse ganz besonders, weil sie gleichzeitig blühen und fruchten und immergrüne glänzende Blätter besitzen. Man möge dem König seine Italiensehnsucht verzeihen, auch wenn sie mitunter belächelt wird. Das Orangerieschloss ist unverwechselbar. Architektur und Landschaft, Blattstruktur und Blütenfarbe, jedes Detail spielt eine Rolle, bis hin zur Farbe und Form der mehr als 1000 Pflanzkübel, die die Identität dieses Gartenbereichs ausmachen. Welch ein Luxus! Der Zweck des Schlosses bestand vor allem darin, die Kübelpflanzen über den Winter zu bringen. Etwa 1000 Zwerg- und Dattelpalmen, Zitrus- und Orangenbäume verbringen den Winter in den lang gestreckten Hallen, möglichst luftig gestellt. Das höchste Feld ist 11 Meter hoch. Es bietet Platz für die ältesten Gewächse, die noch aus der Zeit Friedrich des Großen stammen.

Das Palmenglück in Brandenburg war ein aufwändiges Vergnügen. Das Orangerieschloss, zwischen 1851 und 1864 erbaut, ist das größte Schloss im Park, jede Pflanzenhalle ist 106 Meter lang. Ab Mitte Mai erwachen die Exoten aus dem Winterschlaf und werden behutsam in ihren Kübeln auf die Terrassen herausgefahren. Vielleicht haben auch sie eine heimliche Sehnsucht nach Italien.

TIPP

Das Orangerieschloss steht im Mittelpunkt der berühmten Potsdamer Schlössernacht.

- Orangerieschloss, An der Orangerie 3–5, 14469 Potsdam, Tel. (03 31) 9 69 42 00 www.spsg.de
- ÖPNV: Bus 695, Haltestelle Orangerie

Der Himmel so blau

69 Kunsthaus DAS MINSK

Zwischen dem altem Landtagsgebäude und dem neuem Freizeitbad liegt DAS MINSK, und kaum irgendwo sonst leuchtet das Grün so intensiv den Hang hinauf, begleitet von weißen Birken und Fontänenkaskaden. Und dahinter beginnt der Wald. Ein Kunstmuseum im Grünen also, aber Gartenkunst ist nicht das Anliegen, auch wenn die Ausstellungen zur Eröffnung im September 2022 dem Thema Garten gewidmet waren. Das neue Haus für die DDR-Bestände in der Sammlung Hasso Plattner bietet eine besondere Kunst des 20. Jahrhunderts und darüber hinaus den Dialog mit der Gegenwart. Und das Gebäude selbst bewahrt den Blick zurück. Als das Terrassenrestaurant Minsk am Brauhausberg 1977 öffnete, waren viele Potsdamer bezaubert. Trotz viel Beton und Klobigkeit war es hier schön mit den belarussischen Ornamenten und Stickkunst – Bordüren aus roten und weißen Fliesen. Die Eismilch war köstlich und der Blick über die Springbrunnenkaskaden wohltuend. Auf den Terrassen wurde viel und gern gefeiert, und die Potsdamer erlebten die spätere Vandalisierung und den drohenden Abriss des alten Minsk als schmerzhaften Verlust. Der Kunstsammler und SAP-Gründer Hasso Plattner entschloss sich, das ambivalente Haus zu retten. Seit 2019 lief der Umbau zum Kunstmuseum, jetzt ist das neue MINSK ein superschöner Ort, ein Museum, das erstaunliche Geschichten erzählt, von Potsdam und vom Osten, vom Abenteuer des Bewahrens und vom bürgerschaftlichen Engagement für die Kunst. Die programmatische Eröffnungsausstellung brachte die Potsdamer Spezifik auf den Punkt. Ausgangspositionen sind Landschafts- und Gartenbilder von Wolfgang Mattheuer, Maler des blauen Himmels, aus der Sammlung Hasso Plattner und Fotografien des Kanadiers Stan Douglas von Potsdamer Schrebergärten. Vielleicht ist es doch einfach an der Zeit, die DDR-Kunst in die Bestände zu integrieren. Der Gründer zeigt einen Weg – weitsichtig, frei von Ressentiments und auf der Höhe des Diskurses. Und die Aussicht von der Dachterrasse ist wohltuend und zeitlos schön.

- DAS MINSK. Kunsthaus Potsdam, Max-Planck-Straße 10, 14473 Potsdam, Tel. (03 31) 2 36 01 46 99, www.dasminsk.de
- ÖPNV: Bus 694, Haltestelle Schwimmhalle am Brauhausberg

Unter hohen Bäumen

70 Peter-Huchel-Haus in Wilhelmshorst

Ein Dichterhaus mitten im Wald, das klingt nicht ungewöhnlich. Dichter bevorzugen manchmal Ruhe und Nähe zur Natur. Doch die Lebensgeschichte des 1903 geborenen Peter Huchel ist außerordentlich. Hier in der Villensiedlung im Wald begegnet man ihr, und ein Ort, der Natur und Literatur so atmosphärisch verbindet, macht glücklich. Das Haus bewahrt Spuren und Erinnerungen und lädt zu Begegnungen mit zeitgenössischen Dichtern ein. Peter Huchel erlebte Kindheitsjahre im nahen Langerwisch. Die Liebe zur Natur prägte ihn. Doch legendär ist sein Wirken als unerschrockener Chefredakteur der Literaturzeitschrift Sinn und Form, die seit 1949 erschien und als geheimes Journal der Nation galt. Sein Haus im Wald wurde zum Treffpunkt der literarischen Welt. Günter Eich, Werner Bergengruen, Sebastian Haffner zählten zu seinen Freunden. Nach dem Mauerbau wurde er abgesetzt und bald gab es für ihn keine Freiräume mehr. Obwohl selbst bedroht, bot er verfolgten Autoren Unterschlupf und Gastfreundschaft, Wolf Biermann wohnte eine Zeit lang in seiner Dachkammer. Immer stärker bedrängt, beantragte er die Ausreise aus der DDR. Im Jahr 1971 verließ er sein Haus, seine Landschaft, für immer. Im Schwarzwald fand er ein neues Zuhause, wurde mit Preisen überhäuft, reiste durch die Welt, wurde als politische Autorität gefeiert. Seine Sehnsucht nach der märkischen Landschaft blieb. Nach seinem Tod setzte sich seine Witwe Monica Huchel für den Erhalt des Hauses als literarischen Ort ein. Seit Oktober 1997 ist es ein Gedenkort mit spannendem literarischem Programm, das von Lutz Seiler betreut wird. Schreiben ist eine generöse, schöne, achtsame Art der Weltaneignung, stellt man spätestens hier fest. Und dann fährt man abends zurück durch Langerwisch. Aus den Wiesen steigen weiße Nebelschwaden empor, weidende Pferde sind schemenhaft zu erkennen, eine Schleiereule schreit und man denkt noch einmal an Peter Huchel. Und versteht, warum ihn der Verlust dieser Landschaft so schmerzte.

● Peter-Huchel-Gedenkstätte e. V., Hubertusweg 41,
14552 Michendorf OT Wilhelmshorst, Tel. (03 32 05) 6 29 63
www.peter-huchel-haus.de

An der Alpenstraße

71 Keramik- und Kulturgut Glindow

Es gab einmal eine Zeit, da waren Orte mit Lehmvorkommen richtige Schatzkammern, wie Glindow, das den Lehm – *glina* – sogar im Namen führt. Gebrannte Ziegel galten in ganz Preußen als Lieblingsbaumaterial: Bei den Ziegelbrennereien in Glindow rauchten die Ringöfen. Einer ist im Ziegeleimuseum erhalten geblieben. Dass die Erde aus den Lehmgruben zu Bergen aufgeschüttet wurde, die heute die Glindower Alpen bilden, ist auch Teil der Geschichte. An der Alpenstraße liegt das Keramik- und Kulturgut Glindow. Man erkennt es an der Lavendelhecke und den Keramikobjekten an der hellen Ziegelmauer. Und an Blühpflanzen in irdenen Gefäßen. Fünf Künstlerinnen und ein Künstler haben einen Ort erschaffen, an dem sie im Spannungsfeld der märkischen Landschaft und des Materials nach Ausdrucksformen für alte Handwerkskunst suchen. Carolin Wachter dreht klassisch schlichte Porzellangefäße, Claudia Winter dreht Steinzeuggeschirr und bemalt es mit floralen Motiven. Martin Grade lässt Keramikobjekte entstehen, die subtil mit der Handwerksgeschichte des Ortes verbunden sind und an Körbe und Rippen erinnern. Jule Grade dreht Porzellan auf der Scheibe und gestaltet es grafisch. Julia Winter dreht Gefäße aus Porzellan und bemalt sie mit dem Pinsel. Motive findet sie in der umgebenden Natur. Maren Sahl-Bauer ist Goldschmiedin und arbeitet mit Silber und Emaille. Allen gemeinsam ist, dass die Kunstwerke in einem Brennprozess vollendet werden, individuell und eigenwillig und in Berührung mit dem Ort und seiner Eigenart. Ab 2011 bauten sie die verfallenen Gebäude wieder auf, um Ziegelstuck und Rundbögen an den Ateliers wiedererstehen zu lassen und bargen Originalziegel aus dem Schutt. Die durchgehende Fensterreihe unter dem Pultdach lässt viel Licht in die Räume der einstigen Remise. Die Ateliers sind an zwei Nachmittagen in der Woche und sonntags für Besucher geöffnet. Man kann Gefäße erwerben und sich für die Vielfalt von Keramik begeistern. Oder einfach die kreative Atmosphäre genießen.

TIPP

Jährlicher Höhepunkt ist die Sommerausstellung mit festlichem Programm.

● Keramik&Kulturgut Glindow, Dr.-Külz-Straße 69, Eingang Alpenstraße, 14542 Werder OT Glindow, Tel. (01 76) 25 17 97 03, www.keramikundkulturgut.de
● ÖPNV: Bus 633, 635, 641, Haltestelle Alpenstraße

Was Bäume können

72 Baumkronenpfad Beelitz-Heilstätten

Die größte Kostbarkeit von Beelitz-Heilstätten ist die Ruhe. Denn Heilwirkung für die vor 100 Jahren an Lungentuberkulose Erkrankten war nur durch Ausruhen zu erzielen. Stundenlanges Liegen in der Nachmittagssonne, der Duft der Kiefern und schöne Eindrücke waren Teil der Therapie. Und dann kam eine Zeit, da ruhte der ganze Ort: Er wurde nicht mehr benötigt und fiel in Dornröschenschlaf. Kletterrosen und wilder Wein überzogen die Wände, wuchsen durch die zerschlagenen Fenster in die Räume hinein. Auf den Dächern breiteten sich Baumsämlinge aus, erst die Birken, die sich als Pionierpflanzen selbst ihren Lebensraum schufen und für Humus zwischen den Mauersteinen sorgten, dann die Eschen und nach und nach alle Bäume des Waldes in der Umgebung. Ruhe und gelegentliche Störungen formten aus den Beelitzer Heilstätten einen Ort von bewegender Schönheit.
Ruhe und emotionale Berührung schließen einander nicht aus. Baum & Zeit heißt das Konzept, das das weitläufige Gelände erlebbar macht. Und Zeit sollte man sich nehmen. Es gibt Waldflächen zum Spielen, eine Riesenhängematte, Kunstinstallationen, Picknickplätze. Und eben die Geisterhäuser der einstigen Heilstätten, den Frauenpavillon, Labor und Küche, die Chirurgie, zurückerobert von der Natur. Höhepunkt ist der Baumkronenpfad. Auf Augenhöhe mit den Bäumen führt er auf einer Länge von 800 Metern über das Dach des Alpenhauses und bietet unglaubliche Einsichten. Auf dem Gelände wachsen 65 verschiedene Baum- und Gehölzarten, darunter Kiefern, die ihr Wurzelsystem auf zwei Ebenen ausgebildet haben, weil in der Bauphase Waldpartien aufgeschüttet wurden. Der Dachwald auf der Alpenhausruine gilt als der größte Europas. Und der magischste ist er gewiss auch. Wer den Ort als Zusammenspiel von Geschichte und Natur sieht, wird sich vielleicht getröstet fühlen, dass die Natur obsiegt. Menschen, die visuelle Einzigartigkeit schätzen, werden hier viele Anregungen finden. Und wer den Aussichtsturm erklimmt, wird mit Fernsicht belohnt.

● Baum & Zeit, Straße nach Fichtenwalde 13, 14547 Beelitz-Heilstätten, Tel. (03 32 04) 6 05 80, www.baumundzeit.de
● ÖPNV: RE 1, RE 7 oder Bus 641 bis Bahnhof Beelitz-Heilstätten, den Wegweisern folgen, 5 Minuten Fußweg

Neongrün und Paradiesvögel

73 Die Biosphäre Potsdam

Lust auf die Tropen? Auf die extravagante Blütenvielfalt der Orchideen, auf überirdisches, fluoreszierendes Blattgrün und Schlinggewächse? Auf das Rauschen klarer Wasserfälle und den Glanz von Tropfen in den Blattansätzen der Bromelien? Oder einfach darauf, ganz weit weg zu sein und einzutauchen in eine Sphäre der Überraschungen? Das gelingt mit einer Straßenbahnfahrt. Die Biosphäre Potsdam war während der BUGA die Blumenhalle auf dem Volksparkgelände. Heute beherbergt das Glashaus eine reiche Tropenwelt mit kleinen Seen und Wasserfällen und den Pflanzen des Regenwalds, aber auch mit Stabschrecken und Blattschneideameisen, Chamäleons und Geckos, farbenprächtigen Vögeln und Schmetterlingen. Die harmlosen fliegen frei umher, die gefährlichen Insekten, Reptilien, Fische und kleinen Nager können in Terrarien und Aquarien in Augenschein genommen werden. Besonders spannend ist die Unterwasserwelt, in der sich das Leben in warmen Ozeanen wie durch die Bullaugen eines U-Boots entdecken lässt. Die Biosphäre ist ein Ort des Wissens, an dem sich viel um den Schutz der Umwelt dreht. Und dabei geht es nicht bloß pädagogisch, sondern recht emotional zu. Ein Besuch mit Kindern ist ein besonders schönes Erlebnis. Sie werden hier spielerisch an die Erkundung der Natur herangeführt und verstehen, wie wichtig Nachhaltigkeit ist. Doch auch die Großen erwarten spannende Eindrücke, man kommt mal raus aus dem täglichen Trott. 150 große Bäume aus Neuseeland, Florida und Südeuropa schaffen Regenwald-Feeling. Hier wird keine bestimmte Region nachgebildet, sondern darauf Wert gelegt, dass die 20.000 tropischen Pflanzen und 350 Tierarten harmonisch zusammenwirken. Im Restaurant Urwaldblick schweift der Blick über die Baumwipfel, aber auch in die andere Richtung, raus auf den Volkspark, wo es eine schöne Aussichtsterrasse gibt. Und wenn im Februar die Orchideen blühen, kommt sogar Wunderkind und Modedesigner Wolfgang Joop, um sich Inspiration zu holen, ein großer Freund extravaganter Entwürfe.

- Biosphäre Potsdam, Georg-Hermann-Allee 99, 14469 Potsdam, Tel. (03 31) 55 07 40, www.biosphaere-potsdam.de
- ÖPNV: Bus 609, 638, Tram 96, Haltestelle Volkspark

Vom Bann erlöst

74 Die Heilandskirche Sacrow

Ludwig Persius, der Lieblingsarchitekt von Friedrich Wilhelm IV., ließ die Kirche 1844 errichten. Er gab ihr den Namen Schiff. Wer sie da am äußersten Uferrand praktisch auf der Havel vor Anker liegen sieht, findet die Assoziation einleuchtend. Aber sie ist auch ein Wegzeichen. Mit ihrem freistehenden Campanile ist sie Blickfang im weiten, wasserreichen Havelland, ihr Standort ein Orientierungspunkt im Netz der von Peter Lenné gedachten Sichtachsen. Sein Lebensplan war es, ein preußisches Arkadien, ein glückliches, idyllisches Land an der Havel entstehen zu lassen. Die Glienicker Brücke, Lennés Grünes Haus am Heiligen See, Eremitage und Krughorn liegen in Sichtweite und das in Wäldern verborgene Dorf Sacrow bietet verwunschene Naturschönheit. Die Kirche ist ein tolles Fotomotiv aus der Ferne, aber vor allem aus der Nähe sehr berührend. Natürlich wird gleich Italiensehnsucht geweckt, die umlaufende Säulenarkade und die ornamentale Ziegelfassade in warmen, heiteren Farbtönen entfalten die beabsichtigte Wirkung. Der Traum von Arkadien sah jedoch nicht vor, dass sich die Geschichte im 20. Jahrhundert so tragisch entwickeln würde. Die Heilandskirche war nach dem Mauerbau 1961 für fast 30 Jahre den Blicken entzogen und verfiel. Die Mauer verlief unmittelbar hinter der Kirche am Seeufer, die damit weder für Ost- noch für Westberliner zugänglich war, ein unerreichbarer Sehnsuchtsort.

TIPP

Gute Küche bekommt man im italienischen Gartenlokal Giardino am Meedehorn ganz in der Nähe.

Heute kommen viele Besucher mit dem Fahrrad her: Der Havelradweg führt direkt am Ufer vorbei. Die Kirche ist Ort für Trauungen und Gottesdienste, der Innenraum ist ein wunderbares Erlebnis. Oft gibt es im Sommer Orgelkonzerte. Man sollte die Kirche auf jeden Fall umrunden und die Sicht auf den See genießen, Idylle pur. Der Schlosspark mit der 1000-jährigen Eiche ist ein weiterer Höhepunkt im kleinen Dorf Sacrow. Und natürlich der geheimnisvolle Sacrower See im Naturschutzgebiet etwas nördlich des Jungfernsees, an dem sogar Seeadler ihre Brutplätze haben.

- Heilandskirche Sacrow, Fährstraße, 14469 Potsdam, Tel. (03 31) 5 05 21 44 www.heilandskirche-sacrow.de
- ÖPNV: Bus 697, Haltestelle Schloss Sacrow

Grün braucht Wasser

75 Das Dampfmaschinenhaus Moschee

Was für ein Tag: Am 24. Oktober 1842 sprudelt endlich die Große Fontäne im Schlosspark Sanssouci und schießt gleich auf sagenhafte 38 Meter in die Höhe. Das Publikum weicht lachend den Wasserspritzern aus, die weit um das Bassin herumsprühen. Der späte Erfolg, denn Friedrich der Große hatte sich bereits 100 Jahre zuvor eine Fontäne vor seinen Schlossfenstern gewünscht, war einer technischen Neuerung zu verdanken, der Dampfmaschine im Pumpenhaus an der Havel. Ihre Leistung betrug 82 PS, gebaut wurde sie in den damals noch neuen Borsigwerken in Berlin. Das Pumpenhaus an der Neustädter Havelbucht entwarf Ludwig Persius in Form einer Moschee im maurischen Stil.

Zugegeben, es ist nicht einfach, den Raum von innen zu sehen, doch sollte man es versuchen. Die Maschine ist nicht nur ein technisches Denkmal, sondern ein ästhetisches Kleinod, ein einzigartiges Gesamtkunstwerk. Außer den unmittelbaren Funktionsteilen sind alle denkbaren Stellen im Dampfmaschinenhaus mit floralen Motiven geschmückt, Ranken, Blätter, Blumenmuster in Gusseisen. Sonnenblumen und Sterndolden an allen Wänden: Was ist es für eine Art magischen Denkens, einen Industrieraum so zu dekorieren? Nun, der König wollte es so. Doch die eigentliche Magie beginnt, wenn die Maschine in Betrieb gesetzt wird. Ein Ruck geht durch den Raum. Sie arbeitet! Dass die Dampfmaschine die Zeit unbeschadet überdauert hat, ist ein Wunder. Als Bronzedenkmäler und alte Maschinen eingeschmolzen wurden, hat man die in der Moschee schlichtweg vergessen. Und sie hätte sich ohnehin nicht entfernen lassen, ohne das Gebäude niederzureißen. Bei schönem Wetter sprudelte die Fontäne dreimal in der Woche für die Parkbesucher. 1861, im Todesjahr Friedrich Wilhelm IV., gab es im Park von Sanssouci bereits 57 Wasserstrahlen. Die Kehrseite der Medaille sehen wir heute nicht mehr: Das springende Wasser verbrauchte Berge von Kohle. Sie wurden auf Bargen aus Oberschlesien auf dem Wasserweg angeliefert und an der Havelbucht direkt vom Schiff in den Heizraum gefüllt.

- Dampfmaschinenhaus (Pumpenhaus/Moschee), Breite Straße 28, 14467 Potsdam, Tel. (03 31) 9 69 42 00, www.spsg.de
- ÖPNV: Tram 91, 94, 98, Bus 605, 631, Haltestelle Feuerbachstraße

Märkisches Paradies

76 Im Schlossgarten Petzow

Versteckt hinter einer Mauer aus gebrannten Ziegeln liegt ein paradiesisches Stück Land. Weniger pathetisch könnte man von einem Garten mit vielen Zimmern sprechen, die auf überraschende Weise miteinander verbunden sind. Meldet man sich für einen Besuch an, beginnt die Führung hinter dem runden Turm, einem romantischen Platz, der sich für Konzerte und Lesungen anbietet. Im Feengarten ragen die Rispen der Schattenpflanzen zartweiß und subtil empor. Weiter geht es zum Bienenhaus, märchenhaft mit Zwiebeltürmchen und Fenstergauben geschmückt. An der Quelle huldigt ein Nymphäum der Wassergöttin. Über einen sanft abschüssigen Raum erstrecken sich wilde Steppengraskorridore, Streifen, auf denen die Wiese nicht gemäht wird, sondern Bienen Futter und den freilaufenden Fasanen Unterschlupf gewährt. Im Spätsommer setzen die Samenstände der Gräser eigenwillige Akzente. Der Weg führt weiter in den Rosengarten zum Schwielowsee hinab. An der Böschung stieß man bei archäologischen Grabungen auf Objekte der Trichterbecherkultur. Menschen vor etwa 2800 v. Chr. nutzten diesen Ort. Keiner weiß, welcher Ethnie sie angehörten, nur dass sie hier am Ufer saßen und dem Feuer Opfer darbrachten. Jetzt blühen hier englische Rosen, die duftenden von David Austin in Rosa und Weiß, in einem Meer von Herbstanemonen. Es ist schön, an diesem Ort zu sein und sich mit der Tiefe der Zeit verbunden zu fühlen. Gartenenthusiast Klaus Kosakowski hat ihn zu neuem Leben erweckt. Im Laufe der Jahre besuchte er etwa 400 Gärten in England, bis ihm klar wurde, dass er etwas Eigenes wollte, was die Mark Brandenburg eigenständig und souverän repräsentiert. Weder englisch noch italienisch, auch wenn von allem etwas einfloss. Vor allem auch Dantes große Liebe Beatrice, die ihn im Schlussteil der Göttlichen Komödie durch die himmlischen Sphären des Paradieses leitet, inspirierte. Und weil sie aus der Nische über dem Gartentor auf uns herabschaut, wissen wir, dass jetzt gleich das Paradies beginnt. Und so ist es auch.

● Garten im Schlosspark Petzow, Zelterstraße, 14542 Werder (Havel) OT Petzow, Führungen für Gruppen nach Anmeldung über www.schlossgarten-petzow.de, Schlossgarten nur mit Führung, Park frei zugänglich
● ÖPNV: Bus 607, Haltestelle Petzow, Schlosspark

Sehnsucht und Sichtachsen

77 Die Pfaueninsel

Blau blühende Hortensien, Rosen in Hülle und Fülle, exotische Sumpfzypressen und ein Alchimist, der das Rubinglas erfand: Die Pfaueninsel ist eine Welt der kleinen Wunder. Einstmals in königlichem Besitz ist sie heute ein Landschaftspark mit einigen historischen Gebäuden aus der Zeit des frühen Klassizismus. Das hübsche Schloss aus Holz, das König Friedrich Wilhelm II. für seine Freundin Wilhelmine Encke errichten ließ, wirkt besonders märchenhaft. Eine romantische Vorstellung: Einst konnten König Friedrich Wilhelm im Marmorpalais und Wilhelmine im Schloss auf der Pfaueninsel auf Sicht miteinander kommunizieren. Sie gingen einfach zu einer bestimmten Zeit auf die Türme ihrer Schlösser und winkten einander zu. Wir wissen nicht, ob es so war, aber die Sichtachsen würden es möglich machen. Die Insel liegt viel näher an Potsdam als an Berlin, doch lässt sie sich nur von der Berliner Seite erreichen. Das Fährschiff trägt den Namen Louise, die Überfahrt dauert wenige Minuten. Wenn man am Anleger nach rechts geht und in Ufernähe bleibt, entdeckt man viele kleine Bauwerke, die den Königen einst Spaß machten, ehe man die Meierei erreicht. Schnell ist man vom Inselflair angesteckt. Zur Voliere wandern, die knorrigen Eichen bewundern oder den Wasserfahrzeugen auf der Havel nachschauen, alles läuft ganz entspannt ab. Denn es gibt hier weder Autos noch Fahrräder. Nur die Schreie der Pfauen stören die Ruhe. Man kann sie überall hören und sehen; sie laufen frei umher, ihre schweren Schwanzfedern hindern sie am Fliegen. Vielleicht spürt man sanft den Geist von Königin Luise, die in der Meierei höchst selbst die Kühe zu melken beliebte. Vielleicht stehen die Wasserbüffel auf ihrer Sommerweide, auf den Feuchtwiesen im Norden, wo sie das Gras im Zaum halten. Auf dem Rückweg durchs Inselinnere genießt man den Blick zum frisch sanierten Schloss. Oder man lässt sich einfach nach Lust und Laune auf den gewundenen Wegen treiben, verirren wird man sich nicht.

- Schloss Pfaueninsel, Nikolskoerweg 1, 14109 Berlin, Stiftung Preußische Schlösser und Gärten Berlin-Brandenburg, Tel. (03 31) 9 69 42 00, www.spsg.de
- ÖPNV: Bus 218, Haltestelle Pfaueninsel (Berlin) und weiter mit der Fähre

So schmeckt die Stadt

78 Der Wochenmarkt am Nauener Tor

Früher sah die Stadt nach Graubrot und harter Kruste aus, bestenfalls noch nach Streuselkuchen und Kaltem Hund. Heute lässt das Spektrum der Karamell- und Kandistöne der frisch sanierten Stadtmitte gern an Patisserie vom Feinsten denken, mit Creme und Vanille als Zugabe. Wer wissen will, was essbar ist hier in Potsdam, geht samstags zum Markt am Nauener Tor. Mittlerweile hat sich um das Nauener Tor herum eine Gegend für feine Speisen etabliert. Die Stände ziehen sich fast bis zum Jägertor hin, unter den Linden der Hegelallee entlang, und auch das Tor selbst sieht aus wie Zuckerwerk und Marzipan. Hier verabredet man sich gern auf ein Gläschen Wein nach dem Einkaufen am Samstag. Ein echter grüner Glücksort, nicht nur der Linden wegen, deren Blätter einen besonders sanften Grünton besitzen. Der Frische- und Spezialitätenmarkt hält saisonale Produkte aus dem unmittelbaren Umland bereit – Fleisch, Fisch, Honig, Wein mit Herkunft und Geschichte. Und wie schmeckt die Stadt? Vielfältig und individuell, nach Brandenburg mindestens ebenso wie nach Mittelmeer. Biozertifizierte Fleischerzeugnisse von Weiderindern und aromatisches Wildfleisch aus der Schorfheide passen zu Nudeln und Feinkost aus Italien. Türkische Schafskäsespezialitäten und Oliven vom Mittelmeer. Frisch gepresste Fruchtsäfte. Köstliche Fischbrötchen auf die Hand. Der Stand vom Café Rosenberg verführt mit veganer Patisserie, feinen Torten und Kuchen. Allen gemeinsam ist die Leidenschaft für nachhaltige und gesunde Lebensmittel mit regionalem Schwerpunkt.

Genuss, Entschleunigung und regionale Erzeugnisse machen glücklich. Auch wenn man nichts einkaufen möchte, kann man sich am besonderen Flair freuen. Es entsteht auch dank der Blumenkunst, zum Beispiel am Stand von Stefanie Jähne, die mit ihren filigranen Kreationen auch das Barberini-Museum dekoriert. Sie kombiniert Gräser und Wildblumen mit Sinn für feinste Abstufungen der Farbtöne, jeder Strauß ist ein Kunstwerk.

● Wochenmarkt am Nauener Tor, Friedrich-Ebert-Straße 32, 14469 Potsdam
● ÖPNV: Tram 92, 96, Bus 604, 609, 638, Haltestelle Nauener Tor

Braukunst im Grünen

79 Forsthaus Templin mit Braumanufaktur

Bei der Stange bleiben – den Ausdruck hat vielleicht jeder schon mal gehört. Kaum jemand ahnt, dass es dabei um Bier geht. Stange heißt das Helle in Potsdam, Stangenbier ist eine regionale Spezialität, die seit 200 Jahren in der Region gebraut wird. Eine Tradition, die man in der Manufakturbrauerei am Templiner See leidenschaftlich pflegt. Goldgelb, feinherb – weißes Gersten- und Weizenmalz sorgt für den vollmundigen, aromatischen Geschmack. Seit 2003 engagieren sich die beiden Braumeister Thomas Köhler und Jörg Kirchhoff, unterstützt von ihrem Team, für traditionelle biozertifizierte Biere, für die ausschließlich Malz, Hopfen und Wasser verwendet werden. Ihre Begeisterung ist ansteckend und es macht glücklich, die Sorgfalt für traditionelle Braukunst zu erleben, bei der biozertifiziertes, handwerklich hergestelltes Bier entsteht. Hell, dunkel, Märzen, Weizen und Weiße, das löscht den Durst und macht neugierig. Bestimmt findet jeder das passende Bier für seine persönlichen Vorlieben, köstlich sind sie alle. Und dann gibt es noch die außergewöhnlichen Starkbiere wie Maibock, Winterbock, Erntebock, aber nur für kurze Zeit. Die Redewendung „kein' Bock haben" trifft also manchmal zu, aber nie auf die Unternehmensphilosophie. Thomas und Jörg beliefern mit ihren naturbelassenen, unfiltrierten Bierspezialitäten inzwischen zahlreiche Bio-und Regioläden. Die Rohstoffe stammen aus biologischem Anbau, wenn möglich aus der Region. Aber bleiben wir doch bei der Stange – es gibt sie im Forsthaus Templin natürlich auch vom Fass. Das denkmalgeschützte Ausflugslokal am Templiner See wurde liebevoll restauriert. Eine besondere Stimmung schafft die historische Ausstattung. Braukessel, Sudpfanne und Läuterbottich sind echte Hingucker. Alte Kastanienbäume beschatten den Biergarten, wo zünftig gespeist werden kann. Mit Wander- und Radwegen ist man gut angebunden. Eigene Schiffsanleger und eine Station der Wassertaxis laden ein, auf dem Wasserweg herzukommen.

TIPP

Warme Sommertage kann man herrlich im Waldbad Templin beginnen.

- Braumanufaktur Forsthaus Templin, Templiner Straße 102, 14473 Potsdam, Tel. (03 32 09) 21 79 79, www.braumanufaktur.de
- ÖPNV: Bus 607, Haltestelle Potsdam Forsthaus; alternativ mit dem Wassertaxi

Forsthaus

Waschhaus mit Tanzplatz

80

Kunst- und Kulturquartier in der Schiffbauergasse

Zwischen Tiefem See und Heiligem See liegt die Berliner Vorstadt, eine ganz besondere Stadtlandschaft, die im 19. Jahrhundert von Industrie und Militär geprägt wurde. Und von Pferden, die die Gardehusaren hier hielten. Heute noch ist zu spüren, wie die Pferde den Ort prägten, etwa an der Schinkelhalle, die einst eine Reithalle war. In den vergangenen Jahrzehnten erfolgte eine atemberaubende Verwandlung zum Kunst- und Kulturquartier. Schiffbauergasse heißt das weitläufige Areal, das Projekte an den Schnittstellen von Kreativwirtschaft, Party, Theater und Erholung am Wasser zusammenbringt. Gemeinsam ist allen der achtsame Umgang mit den Ressourcen Raum und Energie sowie Zukunftsfähigkeit. Wie eine rote Blume ragt das Hans-Otto-Theater heraus. Das Gebäude ist ein Spätwerk des Architekten Gottfried Böhm. Der einzige deutsche Pritzkerpreis-Gewinner (zu Lebzeiten) entwarf ein ebenso aufsehenerregendes wie funktionales Theaterhaus mit einer floralen Dachkonstruktion, die besonders abends vom Tiefen See aus unglaublich schön aussieht. Doch auch die freie Theaterszene bespielt schöne Häuser wie das Waschhaus, das sich Anfang der 1990er-Jahre vom besetzten Haus zum beliebten Veranstaltungsort entwickelt hat. An lauen Sommerabenden entfaltet die Halbinsel hier besonderen Charme, mit Freilichtkino und Open-Air-Konzerten, aufregenden Partys und einem kühlen Hauch Abendluft, angeweht von der Havel. Eine auf Nachhaltigkeit bedachte Gastronomie bietet fleischlose Gerichte an, am Ufer gibt es Anlegestellen für Wassersportler und familientaugliche Spielplätze. Musik, Tanz, bunte Lichter, Urlaubsgefühl für den Alltag – man möchte am liebsten alle Abende draußen verbringen und hier ist der richtige Ort dafür. Man trifft tolle Menschen, erlebt neue Begegnungen und einen besonderen Respekt für die Welt. Vielleicht gelingt es sogar, das Naturfilmfestival hier zu etablieren. Potsdam ist Filmstadt und Vorreiterin in Umwelt- und Nachhaltigkeitskonzepten – warum nicht ein neues Format ins Leben rufen?

TIPP

Lunchtime im fabrikcafé-Garten ist wegen der köstlichen vegetarischen Gerichte eine gute Idee.

● Waschhaus Potsdam GmbH, Schiffbauergasse 6, 14467 Potsdam, Tel. (03 31) 27 15 60, www.waschhaus.de

● ÖPNV: Tram 93, 94, 99, Haltestelle Holzmarktstraße

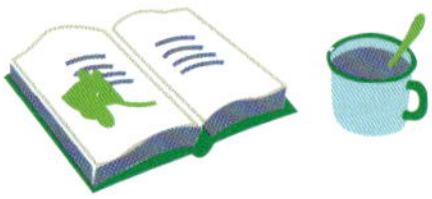

Bibliografische Informationen der Deutschen Nationalbibliothek
Die Deutsche Nationalbibliothek verzeichnet diese Publikation in der Deutschen Nationalbibliografie; detaillierte bibliografische Daten sind im Internet über http://dnb.d-nb.de abrufbar.

Konzeption/Satz: Droste Verlag, Düsseldorf
Einbandgestaltung und Illustrationen: Britta Rungwerth, Düsseldorf, unter Verwendung von Bildern von © Fotolia.com: jd – photodesign.de; © iStock: Plociennik Robert
Fotos: Steffi Memmert-Lunau und Klaus Memmert, außer: S. 57: Maria Czechowski
Textlektorat: Petra Sparrer, Köln

FSC www.fsc.org MIX Papier aus verantwortungsvollen Quellen FSC® C011279

Druck und Bindung: LUC GmbH, Greven
ISBN 978-3-7700-2420-9

www.droste-verlag.de